La nouvelle cuisine de la forme à Quiberon

110 recettes de Patrick Jarno

Photographies de Daniel Czap

Albin Michel

Collection dirigée par Claude Lebey

Conception réalisation : Bleu T

Éditions Albin Michel S.A., 2002
22, rue Huyghens 75014 Paris
www.albin-michel.fr
ISBN : 2-226-13257-0

Je dédie ce livre à mes enfants
Caroline, Clémentine, Jean-Patrick,
Aurélien, à ma femme Arlette
et à mes chers parents.

La brigade de cuisine de l'hôtel Sofitel diététique

Ma cuisine saveur

Ma cuisine continue à évoluer car mon principal souci est de toujours régaler mes clients, tout en les surprenant par des saveurs nouvelles. Les cuissons sont précises afin de préserver la qualité nutritive de chaque aliment jusque dans l'assiette.

Il est important de bien choisir ses produits. À Quiberon, je privilégie surtout les poissons et crustacés, mais aussi les viandes et volailles. Au fil de votre lecture, vous serez peut-être surpris de ne trouver aucune matière grasse, mais bientôt, vous découvrirez et apprécierez les goûts authentiques d'une cuisine nouvelle.

Tout en vous apportant une hygiène alimentaire, ma cuisine saine et variée vous permet de mincir. Vous ne tarderez pas à en sentir les bienfaits. Pour celui qui le souhaite, il est possible d'ajouter une noisette de beurre, un filet d'huile d'olive ou quelques féculents. Le principal est de trouver son équilibre. Bien s'alimenter, c'est aussi bien gérer sa vie.

Dans les recettes qui suivent, vous trouverez un savoir-faire que vous pourrez adopter dans votre cuisine de tous les jours. La décoration des plats présentés ne figure pas toujours dans la liste des ingrédients de la recette photographiée, elle est là pour vous donner une idée de la présentation. Un mets bien présenté devient encore plus appétissant. Régime ne veut pas dire frustration, bien au contraire.

Par le biais de ce livre, je remercie aussi tous les clients de l'hôtel Sofitel diététique, fidèles depuis de nombreuses années, qui m'ont encouragé à innover dans cette cuisine légère devenue ma spécialité.

Et bien sûr, je n'oublie pas mon équipe de cuisiniers qui, tous les jours, apportent leur contribution pour que la cuisine diététique de Quiberon garde son rang.

PATRICK JARNO

Le petit port de Saint-Cado

Sous la conduite de Paul Dubrule et Gérard Pélisson, le groupe Accor a cru très tôt à l'importance du bien-être dans nos vies. Le développement au sein du groupe Accor de la notion de qualité de vie est devenu une préoccupation essentielle : si l'exercice physique et la maîtrise du stress restent des ingrédients indissociables de notre équilibre, la diététique en est le pilier central.

À l'ère de la « mal bouffe », ce que Patrick Jarno amène à Thalassa Quiberon, mais aussi à l'ensemble de notre groupe, c'est la diététique de la fête pour nos palais et pour nos yeux.

Les prodiges que lui et son équipe réalisent pour que nous soyons heureux de manger moins mais mieux, sont connus et salués par tous les adeptes de Thalassa.

Ce nouvel ouvrage devrait permettre de prolonger, au-delà des séjours de cure, le bonheur de bien vivre le plus longtemps possible en bonne santé, autour de repas ludiques.

Merci Patrick pour ton talent, qui n'a d'égal que ta compétence et ta gentillesse.

Jean-Robert Reznik

Vue de la terrasse de l'hôtel Sofitel diététique

J'ai connu Quiberon grâce à mon mari qui est un habitué de l'hôtel Sofitel diététique. Avant chaque étape professionnelle importante, Johnny aime venir se régénérer dans cette superbe presqu'île.

Pour moi, « restaurant diététique » était plus synonyme de frustration que de plaisir. Mais c'était avant de découvrir la cuisine du chef Patrick Jarno. La finesse des goûts, la beauté des compositions et la délicatesse des saveurs font immédiatement oublier que le repas n'additionne que 600 calories. Quel bonheur de manger sans prendre un gramme et même, en en perdant plusieurs !

Grâce à ses sauces onctueuses et parfumées, à ses viandes et poissons cuits à la perfection, j'ai découvert que diététique pouvait rimer avec gourmandise.

Je lui en suis à jamais reconnaissante...

LAETICIA HALLYDAY

O
E

Sommaire

Carotte - pamplemousse - citron

Les cocktails et amuse-bouches

« Régime » n'est pas forcément synonyme de « privation » et surtout, il est important de préserver la convivialité. Les cocktails sont gais et vous permettent de faire le plein de vitamines. Quel plaisir de presser soi-même les fruits et légumes que l'on a choisis et de composer son cocktail ! Ne vous en privez pas. Et pour l'accompagner à l'apéritif, je vous propose également quelques petits amuse-bouches légers, composés de fruits ou de légumes.

Les cocktails

Carotte - pamplemousse - citron

Temps de préparation : 10 min
55 Kcal par personne

Marché pour 1 personne

1 carotte
1 pamplemousse
1 citron
2 fraises moyennes

PRÉPARATION

Presser le pamplemousse et le citron. Verser dans un récipient 8 cl de jus de pamplemousse et 2 cl de jus de citron. Mélanger.

Éplucher la carotte puis la passer à la centrifugeuse pour obtenir 8 cl de jus. Mélanger avec les autres jus.

Couper 1 fraise en petits cubes (brunoise) et les mettre dans un verre. Verser le cocktail par-dessus.

Faire une fente dans la deuxième fraise, sans l'équeuter, et la coincer sur le bord du verre pour la présentation.

Servir frais, avec un bâton mélangeur.

Lait - fraise

Temps de préparation : 10 min
76 Kcal par personne

Marché pour 1 personne

100 g de fraises +1 fraise pour la garniture
12 cl de lait écrémé
Canderel en poudre

PRÉPARATION

Équeuter et laver les 100 g de fraises, puis les couper grossièrement dans un saladier. Verser le lait par-dessus, mixer et passer au chinois. Goûter et ajouter un peu de Canderel si nécessaire.

Couper la fraise restante en petits cubes (brunoise) et les mettre dans un verre. Verser le cocktail dessus.

Servir frais, avec un bâton mélangeur.

Melon - framboise vanillé

Temps de préparation : 10 min
(à réaliser au moins 20 min avant de servir)
76 Kcal par personne

Marché pour 1 personne

1 melon bien mûr
80 g de framboises
1/2 gousse de vanille

PRÉPARATION

Éplucher le melon puis le couper par la moitié pour en retirer les pépins. Passer la chair à la centrifugeuse pour obtenir 10 cl de jus.

Gratter la demi-gousse de vanille pour en récupérer les graines. Les mélanger au jus de melon. Réserver 20 min au frais pour que la vanille dégage son parfum.

Mixer les framboises puis passer le coulis obtenu au chinois.

Verser les 10 cl de jus de melon dans un verre, puis 8 cl de coulis de framboise.

Servir frais, avec un bâton mélangeur.

Orange - kiwi

Temps de préparation : 10 min
93 Kcal par personne

Marché pour 1 personne

1 orange
2 citrons
1 kiwi
1 poire williams

Préparation

Presser l'orange et 1 citron. Verser dans un récipient 10 cl de jus d'orange et 2 cl de jus de citron. Mélanger.

Éplucher le kiwi, le couper en petits morceaux, le mixer et passer au chinois.

Couper la poire en petits dés, puis en mettre 30 g dans un verre.

Ajouter le jus d'agrumes, puis 5 cl de coulis de kiwi, sans mélanger.

Canneler et couper 1 rouelle de citron. Couper un rayon de la rouelle et la coincer sur le bord du verre.

Servir frais, avec un bâton mélangeur.

Pêche jaune - framboise

Temps de préparation : 10 min
93 Kcal par personne

Marché pour 1 personne

60 à 80 g de framboises
1 pêche jaune bien mûre
1 citron (jus)
1 poire williams
Canderel en poudre

Préparation

Laver les framboises puis les mixer et les passer au chinois pour obtenir un coulis.

Éplucher la pêche, la dénoyauter, la couper grossièrement, la mixer et passer au chinois.

Mélanger 6 cl de coulis de framboise et 9 cl de coulis de pêche avec le jus de citron. Ajouter un peu de Canderel si nécessaire.

Couper la poire en brunoise (petits cubes), en mettre 20 g dans un verre et verser le cocktail par-dessus.

Servir frais, avec un bâton mélangeur.

Pomme melrose - mûre

Temps de préparation : 10 min
88 Kcal par personne

Marché pour 1 personne

1 pomme melrose
70 à 80 g de mûres
1 citron (jus)
1 carambole

PRÉPARATION

Presser le citron et verser le jus dans un saladier.

Éplucher la pomme, retirer les pépins puis la couper en petits morceaux. Mélanger la pomme et le jus de citron. Mixer et passer au chinois.

Laver les mûres puis les mixer et les passer au chinois pour obtenir un coulis.

Verser 10 cl de jus de pomme dans un verre, ajouter 5 cl de coulis de mûre.

Couper 1 tranche de carambole, la fendre puis la coincer sur le bord du verre pour la présentation.

Servir frais, avec un bâton mélangeur.

Tomate - betterave rouge

Temps de préparation : 15 min
49 Kcal par personne

Marché pour 1 personne

1 tomate
1 betterave rouge cuite
1 citron (jus)
2 brins de ciboulette pour la présentation
Tabasco
Sel de céleri

PRÉPARATION

Passer la tomate puis la betterave rouge à la centrifugeuse pour obtenir les jus.

Presser le citron. Mélanger 10 cl de jus de tomate, 5 cl de jus de betterave et 3 cl de jus de citron. Verser dans un verre.

Plonger dans le cocktail les brins de ciboulette en les faisant dépasser de quelques centimètres.

Servir frais, avec un bâton mélangeur.

Accompagner de sel de céleri et de Tabasco pour l'assaisonnement.

Les amuse-bouches

Lait collé pour la présentation des amuse-bouches

Temps de préparation : 10 min
(à préparer la veille)

Marché pour 4 personnes

1 litre de lait écrémé
8 feuilles de gélatine
Pour obtenir les couleurs, prévoir par exemple :
de la poudre de safran ou du curcuma pour le jaune,
du sirop de menthe pour le vert,
du sirop de fraise pour le rose, etc.
Cela n'altère pas le goût des préparations, car le lait est simplement un élément de décoration que l'on ne mange pas.

Préparation

Faire ramollir les feuilles de gélatine dans l'eau froide. Mettre le lait à chauffer. Égoutter les feuilles de gélatine puis les incorporer au lait chaud avec un fouet.

Diviser le mélange en 2, 3 ou 4 bols. Teinter chaque bol d'une couleur différente en ajoutant 1 pointe de safran ou de curcuma pour le jaune, quelques gouttes de sirop de menthe ou de fraise pour le vert et le rose, et ainsi de suite.

Verser ensuite les laits sur le plat ou le plateau qui servira de support aux amuse-bouches, en mettant une couleur différente dans chaque coin.

Mélanger délicatement les laits colorés avec une fourchette de façon à créer des nuances.

Laisser prendre au réfrigérateur pendant 3 à 4 h.

Barquettes d'endive à la chair de crabe

Temps de préparation : 20 min
30 Kcal par barquette

Marché pour 4 personnes

4 feuilles d'endive
Pluches de cerfeuil (décoration)
40 g de chair de crabe
2 cuil. à soupe de mayonnaise allégée (voir p. 139)
Curry en poudre

Facultatif
Quelques grains de caviar ou des œufs de hareng

Préparation

Laver les feuilles d'endive, mesurer 6 cm à partir de la pointe et couper pour obtenir la barquette.

Mélanger dans un bol la mayonnaise allégée et la chair de crabe. Parfumer d'une pointe de curry.

Remplir chaque barquette d'endive avec le mélange obtenu, en quantités égales. Disposer éventuellement sur chaque barquette quelques grains de caviar ou quelques œufs de hareng.

Décorer chaque barquette de pluches de cerfeuil. Conserver au frais jusqu'au moment de servir.

Noisettes de melon et de pastèque

Temps de préparation : 10 min
15 Kcal par personne

Marché pour 4 personnes

1 petit melon
1 quartier de pastèque

Matériel
12 piques à cocktail

PRÉPARATION

Découper le melon et la pastèque avec une cuillère à pomme-noisettes (1,5 cm de diamètre), afin d'obtenir 24 noisettes de melon et 12 noisettes de pastèque.

Enfiler ensuite sur chaque pique à cocktail 1 noisette de pastèque entre 2 noisettes de melon.

Réserver au frais jusqu'au moment de servir.

Brochettes au jambon et au Monvelay

Temps de préparation : 10 min
97 Kcal par personne

Marché pour 4 personnes

Fromage Monvelay (voir p. 145)
1 tranche épaisse (1 cm) de jambon blanc

Matériel
12 piques à cocktail

PRÉPARATION

Couper le jambon et le Monvelay en petits cubes d'1 cm de côté environ, pour obtenir 24 cubes de chaque.

Enfiler ensuite sur chaque pique à cocktail 2 cubes de Monvelay et 2 cubes de jambon, en alternant fromage et jambon.

Réserver au frais jusqu'au moment de servir.

Brochettes de jambon de Parme au Point bleu

Temps de préparation : 10 min
125 Kcal par personne

Marché pour 4 personnes

Fromage Point bleu (voir p. 146)
1 tranche épaisse (1 cm) de jambon de Parme (sans gras)

Matériel
12 piques à cocktail

PRÉPARATION

Couper le Point bleu et le jambon de Parme en petits cubes d'1 cm de côté environ, pour obtenir 24 cubes de chaque.

Enfiler ensuite sur chaque pique à cocktail 2 cubes de Point bleu et 2 cubes de jambon de Parme, en alternant fromage et jambon.

Réserver au frais jusqu'au moment de servir.

Brochettes de thon fumé au Merzer

Temps de préparation : 10 min
73 Kcal par personne

Marché pour 4 personnes

60 g de thon fumé
60 g de Merzer (voir p. 145)

Matériel
12 piques à cocktail

Préparation

Découper le thon fumé et le Merzer en 24 cubes d'1 cm de côté.

Enfiler ensuite, sur chaque pique à cocktail, 2 cubes de thon et 2 cubes de Merzer, en alternant poisson et fromage.

Réserver au frais jusqu'au moment de servir.

Champignons de Paris farcis à la crème d'anchois

Temps de préparation : 10 min
60 Kcal par personne

Marché pour 4 personnes

12 champignons de Paris de taille moyenne
60 g de fromage à la pie (voir p. 146)
50 g de filets d'anchois
20 g d'œufs de lump rouges
1 citron (jus)
Sel fin, poivre du moulin

Préparation

Retirer le pied de chaque champignon puis laver les têtes. Mettre dans une casserole les têtes de champignons. Verser de l'eau à hauteur. Presser le citron et ajouter le jus dans la casserole. Faire cuire 2 min, cuisson frémissante. Égoutter et laisser refroidir les têtes de champignons.

Mixer les filets d'anchois pour obtenir une pommade. Arrêter le mixeur. Ajouter le fromage à la pie. Mixer à nouveau pour obtenir un mélange homogène. Saler et poivrer.

Remplir une poche à douille de ce mélange puis en farcir chaque tête de champignon.

Disposer sur chaque champignon farci quelques œufs de lump.

Réserver au frais jusqu'au moment de servir.

Cœurs de palmier en robe de saumon fumé

Temps de préparation : 10 min
66 Kcal par personne

Marché pour 4 personnes

2 cœurs de palmier
2 tranches de saumon fumé (80 g)

Matériel
12 piques à cocktail

Préparation

Enrouler les cœurs de palmier dans les tranches de saumon fumé.

Piquer 6 piques à cocktail par cœur de palmier à intervalles réguliers, en traversant de part en part.

Couper au couteau dans chaque intervalle pour obtenir des amuse-bouches.

Réserver au frais jusqu'au moment de servir.

Fonds d'artichauts à la crème de saumon fumé

Temps de préparation : 10 min
78 Kcal par personne

Marché pour 4 personnes

8 petits fonds d'artichauts en conserve
60 g de fromage à la pie (voir p. 146)
60 g de saumon fumé
8 brins d'aneth
Sel fin, poivre du moulin

Préparation

Mixer les 60 g de saumon fumé. Arrêter le mixeur. Ajouter le fromage à la pie. Mixer à nouveau pour obtenir un mélange homogène. Goûter, saler et poivrer si nécessaire.

Égoutter les fonds d'artichauts, les rincer et les déposer sur un plat.

Remplir une poche à douille cannelée avec le mélange fromage-saumon.

Farcir chaque fond d'artichaut d'une rosace de farce. Décorer avec un brin d'aneth.

Réserver au frais jusqu'au moment de servir.

Œufs de caille mimosa

Temps de préparation : 10 min
59 Kcal par personne

Marché pour 4 personnes

8 œufs de caille
60 g de mayonnaise allégée (voir p. 139)
1 cuil. à café de ciboulette fraîche hachée
1 cuil. à café d'estragon frais haché
1 cuil. à café de cerfeuil frais haché

Matériel
16 piques à cocktail

Préparation

Faire durcir les œufs de caille (4 à 5 min). Écaler et couper les œufs en deux par la moitié dans le sens de la longueur. Disposer les demi-œufs sur un plat.

Mélanger la mayonnaise allégée et les herbes fraîches hachées. Poser sur chaque demi-œuf 1 cuil. à café de mayonnaise aux herbes.

Mettre 2 demi-œufs par pique à cocktail en les piquant par leur côté.

Réserver au frais jusqu'au moment de servir.

Rouelles de concombre aux crevettes et aux moules

Temps de préparation : 10 min
28 Kcal par personne

Marché pour 4 personnes

1 concombre
6 crevettes roses
6 moules

Matériel
12 piques à cocktail

Préparation

Laver le concombre et le découper en 12 rouelles (fines rondelles) de 0,3 cm d'épaisseur.

Bien nettoyer et laver les moules. Les mettre dans une casserole avec un peu d'eau. Couvrir et laisser cuire 2 min environ. Les décoquiller.

Envelopper chaque crevette décortiquée et chaque moule dans une rouelle de concombre et traverser chaque rouelle de part en part par une pique à cocktail.

Réserver au frais jusqu'au moment de servir.

Toasts de pomme melrose aux œufs de hareng

Temps de préparation : 10 min
66 Kcal par personne

Marché pour 4 personnes

1 pomme melrose
1 citron (jus)
1 cuil. à soupe de ciboulette fraîche finement hachée
60 g d'œufs de hareng
40 g de mayonnaise allégée (voir p. 139)

Préparation

Laver la pomme puis la couper en tranches de 0,5 cm d'épaisseur. Presser le citron et verser le jus sur les tranches de pomme afin d'éviter qu'elles brunissent.

Mélanger dans un bol la mayonnaise allégée, les œufs de hareng et la ciboulette hachée.

Disposer sur votre plan de travail les tranches de pomme. Retirer les pépins.

Napper les tranches de pomme du mélange mayonnaise/œufs de hareng. Couper chaque tranche par la moitié, les poser sur un plat de service.

Réserver au frais jusqu'au moment de servir.

Tomates cerises farcies à la mousse de roquefort

Temps de préparation : 10 min
15 Kcal par tomate

Marché pour 4 personnes

12 tomates cerises
120 g de fromage à la pie (voir p. 146)
20 g de roquefort
Sel fin, poivre du moulin

Préparation

Laver les tomates. Les couper aux 2/3 et conserver le chapeau. Mixer le fromage à la pie et le roquefort. Saler et poivrer. Vider chaque tomate de ses pépins avec une petite cuillère.

Remplir une poche à douille cannelée avec le mélange de fromages et farcir chaque tomate en faisant déborder la farce de quelques millimètres. Recouvrir avec les chapeaux des tomates.

Réserver au frais jusqu'au moment de servir.

Noix de coquilles Saint-Jacques marinées
sur leur rémoulade de céleri-rave et de granny smith

Les entrées froides et chaudes

Les entrées permettent de faire les associations les plus folles. Chaque saison offre une multitude de produits nouveaux et chacun peut imaginer ses propres recettes.
Quant aux potages, ils permettent de manger des légumes autrement. Très simples à préparer, ils se conservent deux jours au réfrigérateur. Il suffit de les réchauffer et vous obtenez ainsi une entrée toute prête et appréciée par tous.

Les entrées froides

Blanc de poireau tiède et sa vinaigrette de betterave rouge

Temps de préparation : 25 min
Vinaigrette de betterave rouge : 20 min
89 Kcal par personne

Marché pour 4 personnes

4 petits poireaux de 100 g pièce
20 cl de vinaigrette de betterave rouge (voir p. 141)
4 pluches de cerfeuil
Curry en poudre, fleur de sel

Préparation et cuisson

Laver les poireaux et en éliminer les feuilles abîmées, puis couper la partie dure du vert. Couper l'extrémité de chaque poireau en quatre, sur environ 5 cm, dans le sens de la longueur.

Faire cuire les poireaux 10 min au faitout vapeur. Pendant la cuisson, préparer la vinaigrette de betterave rouge.

Mélanger à un peu de fleur de sel quelques pincées de curry pour la décoration de l'assiette.

Finitions

Enrouler les poireaux tièdes sur eux-mêmes. Disposer un poireau au centre de chaque assiette et arroser de vinaigrette de betterave rouge. Décorer ensuite d'une pluche de cerfeuil et parsemer le bord de l'assiette de fleur de sel au curry.

Cœur de frisée à la chiffonnade de poissons fumés de chez Lucas

Temps de préparation : 30 min
156 Kcal par personne

Marché pour 4 personnes

1/2 tête de frisée
2 citrons
80 g de saumon fumé en tranches
80 g de lieu fumé en tranches
80 g de thon fumé en tranches
Vinaigrette aux algues condiments (voir p. 140)
Pluches de cerfeuil

Préparation

Nettoyer la salade. Conserver les feuilles les plus tendres et le cœur. Laver et bien essorer. Réserver au réfrigérateur.

Couper les poissons fumés en fines lanières et les mélanger dans un saladier. Les réserver au frais.

Peler les citrons à vif, les couper en rouelles. Essayer d'en obtenir 6 par citron.

Préparer la vinaigrette aux algues condiments.

Finitions

Disposer sur les assiettes la salade frisée en quantité égale.

Répartir équitablement sur la salade les lanières de poissons fumés. Arroser chaque assiette de vinaigrette aux algues condiments.

Décorer avec les tranches de citron et les pluches de cerfeuil.

Cœur de frisée à la chiffonnade de poissons fumés de chez Lucas

Cœur de frisée au Merzer chaud

Temps de préparation : 20 min
Vinaigrette aux agrumes : 30 min
178 Kcal par personne

Marché pour 4 personnes

1 tête de frisée
1 cuil. à soupe de persil haché
1 cuil. à soupe de ciboulette hachée
1 cuil. à soupe d'estragon haché
4 tranches de jambon de Parme (sans gras)
4 tranches de Merzer de 40 g pièce
Vinaigrette aux agrumes (voir p. 140)

Préparation

Préparer la vinaigrette aux agrumes.

Laver et bien essorer la salade frisée à grande eau plusieurs fois. Conserver le cœur et les feuilles les plus tendres.

Mélanger les herbes hachées entre elles, puis les ajouter à la salade. Tailler le jambon de Parme en lanières très fines.

Finitions

Disposer la salade sur les assiettes. Arroser de vinaigrette aux agrumes puis parsemer de jambon de Parme.

Avant de servir, faire fondre les tranches de Merzer dans un appareil à raclette ou dans un plat, au four, et disposer sur chaque assiette une tranche fondante de Merzer.

Mesclun au jambon de Parme et sa vinaigrette du jardinier

Temps de préparation : 30 min
Vinaigrette du jardinier : 45 min
96 Kcal par personne

Marché pour 4 personnes

1 petite tête de laitue, 1 tête de trévise
1/2 tête de frisée
8 radis, 4 tomates cerises
1 échalote
1 cuil. à soupe de persil haché
1 cuil. à soupe d'estragon haché
Pluches de cerfeuil
4 fines tranches de jambon de Parme (sans gras)
Vinaigrette du jardinier (voir p. 141)

Préparation

Préparer la vinaigrette du jardinier.

Nettoyer, laver et essorer les salades. Couper les feuilles en deux, ou en quatre si elles sont trop larges. Mettre les salades dans un grand saladier.

Nettoyer les radis puis les couper en rouelles très fines. Couper également l'échalote en rondelles très fines. Ajouter le tout dans le saladier, parsemer d'estragon et de persil haché. Mélanger.

Superposer les tranches de jambon de Parme sur une planche, les couper dans le sens de la longueur en lanières de 0,5 cm.

Finitions

Répartir la salade composée dans des bols individuels. Arroser de vinaigrette du jardinier. Parsemer de lanières de jambon de Parme et décorer d'1 tomate cerise et d'1 pluche de cerfeuil.

Noix de coquilles Saint-Jacques marinées sur leur rémoulade de céleri-rave et de granny smith

Temps de préparation : 45 min
Vinaigrette aux agrumes : 30 min
Mayonnaise allégée : 15 min
Marinade : 60 min
200 Kcal par personne

Marché pour 4 personnes

8 noix de coquilles Saint-Jacques crues
150 g de céleri-rave
2 pommes granny smith
1 cuil. à café rase d'aneth haché
4 pluches de cerfeuil
15 cl de jus de citron
1 cuil. à soupe d'œufs de hareng
1 cuil. à soupe d'huile d'olive
2 cuil. à soupe de mayonnaise allégée (voir p. 139)
Vinaigrette aux agrumes (voir p. 140)
Vinaigre balsamique
Sel fin
Poivre du moulin

Matériel
4 cercles à entremets de 8 cm de diamètre

Préparation

Verser dans un récipient 10 cl de jus de citron, l'huile d'olive et l'aneth haché. Saler et poivrer. Mélanger le tout au fouet pour obtenir un mélange homogène. Réserver cette marinade au frais.

Escaloper en tranches fines les noix de Saint-Jacques et les étaler sur un plat. À l'aide d'un pinceau, les badigeonner copieusement de marinade puis laisser mariner 60 min au réfrigérateur.

Pendant ce temps, préparer la vinaigrette aux agrumes.

Laver, éplucher et râper le céleri-rave et les pommes. Les mettre dans un saladier et verser dessus les 5 cl de jus de citron restants. Mélanger.

Préparer dans un autre saladier la mayonnaise allégée. Égoutter le céleri-rave et la pomme râpés puis les mélanger à la mayonnaise. Rectifier l'assaisonnement si nécessaire.

Finitions

Poser au centre de chaque assiette un cercle à entremets et y verser en quantité égale la rémoulade de céleri et de pommes. Disposer dessus les escalopes de Saint-Jacques marinées, en rosace.

Ajouter à la vinaigrette aux agrumes 1 cuil. à soupe de vinaigre balsamique en mélangeant avec un fouet. Verser 1 filet de cette vinaigrette tout autour des cercles.

Disposer sur les escalopes de Saint-Jacques quelques œufs de hareng et 1 pluche de cerfeuil. Retirer délicatement le cercle.

Rillettes de maquereau, vinaigrette aux algues condiments

Temps de préparation : 30 min
Mayonnaise allégée : 15 min
Trempage du poivron : 20 min
418 Kcal par personne

Marché pour 4 personnes

4 maquereaux de 350 g pièce (faire lever les filets par le poissonnier)
1 cuil. à soupe de ciboulette hachée
1 échalote
1/2 gousse d'ail
Mayonnaise allégée (voir p. 139)
8 cl d'huile d'olive
1 cuil. à soupe de vinaigre balsamique
1 cuil. à soupe d'algues condiments (voir p. 142)
Curry en poudre
Sel fin, poivre du moulin

Pour la décoration
30 g de poivron vert
30 g de poivron rouge
30 g de poivron jaune

Matériel
4 cercles à entremets de 6 cm de diamètre et de 4 cm de haut

Préparation et cuisson

Laver les filets de maquereaux et les faire cuire à la vapeur pendant 5 min. Laisser refroidir.

Préparer la mayonnaise allégée.

Écraser à la fourchette les filets de maquereaux cuits sur une planche, pour obtenir des miettes. Mélanger dans un saladier les miettes de maquereau, la mayonnaise allégée et la ciboulette hachée. Parfumer avec 1 pincée de curry. Rectifier l'assaisonnement, puis réserver au frais.

Couper les poivrons en lamelles. Poser les lamelles à plat sur une planche à découper. Désépaissir chaque lamelle en retirant la chair sur la peau, à l'aide d'un couteau. Émincer finement la peau. Laisser tremper les lamelles dans l'eau froide pendant 20 min.

Préparation de la vinaigrette aux algues condiments

Verser dans un bol le vinaigre balsamique et incorporer l'huile d'olive avec un fouet.

Hacher très finement l'échalote et l'ail et les ajouter à la vinaigrette. Ajouter également les algues condiments égouttées. Battre avec le fouet. Saler et poivrer.

Finitions

Poser un cercle à entremets sur chaque assiette. Les remplir de rillettes de maquereau. Tasser avec une cuillère à soupe.

Verser la sauce aux algues condiments autour. Égoutter les poivrons émincés sur une feuille de papier absorbant et les parsemer sur les rillettes.

Retirer délicatement les cercles juste avant de servir.

Salade Alexandra et sa vinaigrette de betterave rouge

Temps de préparation : 40 min
140 Kcal par personne

Marché pour 4 personnes

1 salade feuille de chêne
120 g de céleri-rave
2 pommes melrose
2 cuil. à soupe de persil frais haché
2 citrons (jus)
100 g de crevettes roses décortiquées
Vinaigrette de betterave rouge (voir p. 141)

Préparation

Préparer tout d'abord la vinaigrette de betterave rouge.

Laver et bien essorer la salade, puis la conserver au frais. Éplucher, laver et râper le céleri-rave. Presser les citrons et mélanger la moitié du jus ainsi obtenu au céleri râpé.

Éplucher les pommes puis les râper à leur tour. Ajouter à la pomme le reste de jus de citron.

Finitions

Répartir la salade sur chaque assiette. Disposer dessus le céleri et les pommes râpés. Ajouter les crevettes roses décortiquées.

Arroser de vinaigrette de betterave rouge et parsemer de persil haché.

Salade de mâche aux queues de langoustines poêlées et sa vinaigrette au raisin noir

Temps de préparation : 45 min
Vinaigrette au raisin noir : 45 min
161 Kcal par personne

Marché pour 4 personnes

100 g de mâche
50 g d'échalote
1 gousse d'ail
120 g de champignons de Paris
8 tomates cerises
6 brins d'aneth
20 queues de langoustines cuites
5 cl de vinaigre de xérès
Vinaigrette au raisin noir (voir p. 140)
Curry en poudre
Fleur de sel
Sel fin, poivre du moulin

Préparation et cuisson

Préparer la vinaigrette au raisin noir.

Préchauffer le four à 180 °C (th. 6).

Détacher les feuilles de mâche de leur base puis les laver et les égoutter délicatement. Réserver.

Émincer finement l'échalote et la gousse d'ail. Laver les champignons de Paris puis les couper en quatre.

Faire chauffer une poêle antiadhésive. Y mettre les queues de langoustines sans matière grasse pour les faire colorer de tous côtés. Réserver.

Remettre la poêle sur le feu sans la laver. Y faire suer les échalotes, sans matière grasse, durant 5 à 6 min, en remuant avec une spatule en bois. Ajouter les champi-

gnons et continuer de mélanger pendant environ 5 min. Verser le vinaigre de xérès dans la poêle ainsi que l'ail émincé. Saler et poivrer. Laisser cuire 10 min à feu moyen. Ajouter les queues de langoustines dans la poêle et les mélanger aux champignons. Parfumer avec 1 pointe de curry. Réserver le tout au chaud sur le côté du feu.

Laver les tomates cerises puis les couper en deux par la moitié. Les disposer dans un plat allant au four. Hacher finement 2 brins d'aneth et mélanger à 1 cuil. à soupe de fleur de sel. Assaisonner les tomates avec ce mélange et les faire cuire au four 4 à 5 min environ.

Finitions

Disposer sur les bords des assiettes les feuilles de mâche. Verser au milieu le mélange de champignons et de langoustines. Décorer chaque assiette avec 4 demi-tomates et 1 brin d'aneth. Arroser les feuilles de mâche de vinaigrette au raisin noir.

Salade piémontaise au crabe et aux bulots

Temps de préparation : 1 h 15
118 Kcal par personne

Marché pour 4 personnes

1 salade de votre choix pour la présentation
2 artichauts
2 tomates
80 g de poivron rouge
50 g d'oignon
100 g de chair de crabe
8 bulots
1 cuil. à soupe de persil haché
Mayonnaise allégée (voir p. 139)
1 bouquet garni (persil, thym, laurier)
1 citron (jus)
Curry en poudre
Gros sel, sel fin
Poivre du moulin

Matériel

4 cercles à entremets de 6 cm de diamètre et de 4 cm de haut

Préparation et cuisson

Laver les bulots plusieurs fois à grande eau puis les mettre dans une casserole. Ajouter le thym, le laurier et du gros sel. Couvrir les bulots d'eau froide jusqu'à 3 cm au-dessus d'eux. Les faire cuire pendant 45 min, cuisson frémissante.

Laver les artichauts puis les mettre dans de l'eau froide citronnée et salée, les cuire ainsi à couvert, pendant 40 min environ.

Faire bouillir de l'eau dans une casserole. Retirer le pédoncule des tomates et les plonger 30 s dans l'eau bouillante. Les égoutter puis les rafraîchir en les passant sous l'eau froide. Retirer la peau et les épépiner avec une petite cuillère. Les couper en cubes d'1 cm de côté.

Couper le poivron rouge et l'oignon épluché en cubes d'1 cm de côté et réunir le tout dans un saladier.

Enlever les feuilles des artichauts et le foin qui se trouve au milieu pour récupérer les fonds. Puis les couper en cubes et les ajouter dans le saladier.

Décoquiller les bulots et les couper en petits morceaux. Ajouter le crabe décortiqué et les bulots dans le saladier.

Préparer la mayonnaise allégée et la mélanger avec le reste. Ajouter le persil haché. Goûter et rectifier l'assaisonnement si nécessaire.

Finitions

Disposer sur chacune des assiettes quelques feuilles de salade. Mettre un cercle à entremets au centre de chaque assiette et remplir de salade piémontaise. Tasser et démouler délicatement.

Saupoudrer le bord des assiettes avec un peu de curry et poser un brin de persil sur chaque salade.

Salade Sofitel diététique de Quiberon et sa vinaigrette à la tomate

Temps de préparation : 45 min
Vinaigrette à la tomate : 30 min
96 Kcal par personne

Marché pour 4 personnes

1 batavia
100 g de haricots verts
4 tomates moyennes
6 champignons de Paris
1 citron (jus)
1 cuil. à soupe de persil haché
1 cuil. à soupe de cerfeuil haché
1 cuil. à soupe d'estragon haché
2 tranches de pain complet
1 œuf dur
Vinaigrette à la tomate (voir p. 139)

Préparation et cuisson

Préparer la vinaigrette à la tomate.

Faire bouillir de l'eau dans une casserole. Retirer le pédoncule des tomates, puis les plonger 30 s dans l'eau bouillante. Les égoutter puis les rafraîchir en les passant sous l'eau froide. Retirer la peau. Couper les tomates en quartiers.

Équeuter les haricots verts puis les faire cuire à la vapeur. Les rafraîchir dans de l'eau glacée. Laver le cœur de la batavia. Bien l'essorer et le disposer dans un saladier. Presser le citron dans un grand bol. Laver et émincer finement les champignons de Paris puis les mélanger au jus de citron pour qu'ils conservent leur couleur.

Faire chauffer le gril du four. Pendant ce temps, transformer les tranches de pain en croûtons (cubes d'1 cm de côté) puis les passer sous le gril du four pour les rendre croustillants.

Séparer les haricots en deux dans le sens de la longueur. Réserver. Couper l'œuf dur en 8 rouelles d'environ 0,5 cm d'épaisseur.

Ajouter le persil, le cerfeuil et l'estragon hachés. Ajouter à la salade les quartiers de tomate, les champignons émincés et les fines herbes. Mélanger le tout.

Finitions

Répartir la salade sur chaque assiette. Ajouter les haricots verts et les croûtons de pain complet.

Arroser de vinaigrette à la tomate et décorer avec les rouelles d'œuf dur.

Tartare de thon aux algues et sa vinaigrette d'oignon à l'ail

Temps de préparation : 30 min
Vinaigrette d'oignon à l'ail : 45 min
304 Kcal par personne

Marché pour 4 personnes

30 g de filet de thon sans la peau
30 g de dulse (variété d'algues)
30 g de laitue de mer (variété d'algues)
2 tomates moyennes
30 g d'échalote, 15 g d'ail
30 g de cornichons
1 cuil. à soupe de ciboulette hachée
4 brins de cerfeuil
1 citron (jus)
Vinaigrette d'oignon à l'ail (voir p. 141)
Sel fin, poivre du moulin

Matériel
4 cercles à entremets de 6 cm de diamètre et de 4 cm de haut

Préparation

Hacher très finement la dulse, la laitue de mer, l'échalote, les cornichons et l'ail. Réserver.

Laver le filet de thon, bien le sécher puis le couper en petits morceaux. Le passer au hachoir ou le hacher au couteau sur une planche. Mettre le hachis de thon dans un saladier, ajouter les algues, l'échalote, l'ail, les cornichons et la ciboulette hachés. Presser le citron et ajouter le jus dans le saladier. Mélanger le tout à la spatule. Saler et poivrer. Réserver au réfrigérateur.

Préparer la vinaigrette d'oignon à l'ail.

Retirer le pédoncule des tomates puis les plonger dans l'eau bouillante environ 30 s. Les rafraîchir et ôter la peau. Couper les tomates horizontalement et, avec une petite cuillère, enlever les pépins. Couper les tomates en petits dés et mélanger au cerfeuil haché. Réserver.

Finitions

Pour servir le tartare de thon, le mouler avec les cercles à entremets au centre de chaque assiette.

Disposer sur chaque tartare 1 cuil. à café de concassé de tomates. Verser la vinaigrette d'oignon à l'ail autour.

Conseil

Il est également possible de dresser le tartare en quenelles, soit trois quenelles par personne.

Disposer les quenelles en étoile avec le concassé de tomates au milieu et la vinaigrette entre chaque quenelle.

Les entrées chaudes

Filet de rouget en croûte de moutarde aux algues et son coulis de poivron rouge au pavot

Temps de préparation : 50 min
153 Kcal par personne

Marché pour 4 personnes

4 filets de rouget de 80 g pièce débarrassés de leurs arêtes
50 g de blanc de poireau
50 g de carotte
40 g d'oignon
200 g de poivrons rouges
1 cuil. à soupe d'aneth haché
4 cuil. à soupe de moutarde aux algues (voir p. 143)
20 g de graines de pavot
Farine de guar (voir p. 143)
Sel fin, poivre du moulin

Préparation et cuisson

Laver et couper les poivrons par la moitié dans le sens de la longueur, les vider et les émincer. Réserver.

Hacher finement l'oignon et le faire suer 5 min, dans une casserole, sans matière grasse, en remuant avec une cuillère en bois pour qu'il ne brûle pas. Ajouter le poivron et mélanger. Mouiller avec 20 cl d'eau et laisser cuire 30 min.

Pendant ce temps, tailler le poireau et la carotte en julienne (fines allumettes). Faire suer la julienne de légumes dans une casserole sans matière grasse à feu moyen, pendant 3 à 4 min. Mélanger l'aneth aux légumes.

Préchauffer le four à 180 °C (th. 6).

Recouvrir le fond d'un plat allant au four avec la julienne de légumes. Saler et poivrer.

Mixer le coulis de poivron rouge, le passer au chinois étamine, puis le lier avec 1 ou 2 pincées de farine de guar. Saler, poivrer et ajouter les graines de pavot. Garder au chaud.

Disposer les filets de rouget dans le plat sur la julienne de légumes, les saler et les napper chacun d'1 cuil. à soupe de moutarde aux algues. Faire cuire au four pendant environ 5 min.

Finitions

Verser en couronne le coulis de poivron rouge sur les assiettes chaudes et disposer au milieu 1 filet de rouget sur sa julienne de légumes.

Flan au crabe et aux coquillages et son coulis de tomate au basilic

Temps de préparation : 1 h 20
216 Kcal par personne

Marché pour 4 personnes

1 crabe de 500 g
16 moules, 20 coques
3 œufs
25 cl de lait écrémé
10 cl de vin blanc
1 bouquet garni (persil, thym, laurier)
Muscade râpée, gros sel, sel fin, poivre du moulin

Pour le coulis de tomate au basilic
500 g de tomates
60 g d'oignon
1 cuil. à soupe de concentré de tomate
6 feuilles de basilic
Farine de guar (voir p. 143)

Pour la présentation
70 g de courgette

Matériel
4 ramequins

Préparation et cuisson

Verser de l'eau dans une casserole, ajouter le bouquet garni, saler au gros sel et porter à ébullition. Y faire cuire le crabe 20 min. Égoutter et laisser refroidir.

Pendant ce temps, faire dégorger les coques dans de l'eau. Nettoyer et laver les moules. Mettre les coques et les moules dans 2 casseroles différentes, avec 5 cl de vin blanc. Saler au sel fin. Faire cuire 3 min à couvert à feu moyen. Arrêter la cuisson et laisser refroidir.

Décortiquer le crabe, puis décoquiller les coques et les moules. Remplir les ramequins en quantité égale de chair de crabe et de coquillages. Réserver au frais.

Préparation de l'appareil à flan

Préchauffer le four à 150 °C (th. 5).

Casser les œufs dans un saladier puis les battre au fouet. Ajouter le lait tout en remuant avec le fouet. Saler et poivrer. Parfumer avec de la muscade râpée.

Disposer les ramequins dans un plat allant au four avec des rebords. Les remplir d'appareil à flan à ras bord. Verser de l'eau dans le plat sur une hauteur de 2 cm. Mettre le plat au four sans que l'eau autour des ramequins ne se mélange à l'appareil à flan. Laisser cuire 20 min.

Au terme de la cuisson, piquer un flan avec une fine lame de couteau. Si elle en sort bien nette, le flan est cuit. Sinon, laisser au four quelques minutes supplémentaires.

Préparation du coulis de tomate

Faire bouillir une casserole d'eau. Retirer le pédoncule des tomates, puis les plonger environ 30 s dans l'eau bouillante. Les égoutter, les rafraîchir et retirer la peau. Couper les tomates horizontalement. Enlever les pépins avec une petite cuillère. Concasser les tomates sur une planche. Éplucher et hacher finement l'oignon. Le faire suer 5 min, dans une casserole, sans matière grasse, à feu moyen, en remuant avec une cuillère en bois pour qu'il ne brûle pas. Réduire le feu si nécessaire. Ajouter les tomates concassées, le concentré de tomate, les feuilles de basilic émincées. Bien mélanger. Saler légèrement au gros sel. Laisser cuire 30 min à découvert et à feu doux.

Pendant ce temps, couper la courgette sans l'éplucher en petits cubes de 0,5 cm de côté. Les faire cuire à la vapeur, 2 min, puis rafraîchir. Réserver.

Mixer la tomate, passer au chinois en pressant avec une petite louche. Lier le coulis avec quelques pincées de farine de guar si nécessaire.

Finitions

Démouler les flans en faisant le tour avec une lame de couteau, très délicatement. Les prendre ensuite dans la main puis les poser au centre de l'assiette pour que la base du flan repose sur l'assiette comme quand il était dans le ramequin.

Verser le coulis de tomate au basilic autour et le parsemer de petits cubes de courgette. Servir chaud.

Huîtres creuses gratinées

Temps de préparation : 45 min
187 Kcal par personne

Marché pour 4 personnes

16 huîtres creuses de calibre 1
100 g de saumon fumé
60 g de blanc de poireau
60 g de carotte
1 cuil. à soupe d'aneth haché
Sel fin, poivre du moulin

Pour l'appareil à gratin
2 jaunes d'œufs
120 g de fromage blanc à 0 % de matière grasse
60 g de Monvelay (voir p. 145)
Safran en poudre

Préparation et cuisson

Émincer le poireau et la carotte en julienne (fines allumettes). Faire cuire les légumes à la vapeur et les rafraîchir sous l'eau froide. Réserver.

Tailler le saumon fumé en fines lanières. Décoquiller les huîtres et conserver les coquilles.

Hacher finement la valeur d'1 cuil. à soupe d'aneth et mélanger à la julienne de poireau et de carotte. Saler et poivrer.

Verser du gros sel dans un plat allant au four. Poser dessus les coquilles vides. Disposer dans chacune d'elles une quantité égale de légumes. Ajouter par-dessus les lanières de saumon fumé puis 1 huître. Préchauffer le four à 180 °C (th. 6).

Préparation de l'appareil à gratin

Faire un sabayon (voir p. 139). Ajouter au sabayon le fromage blanc, toujours au bain-marie, et mélanger le tout au fouet. Porter le mélange à une température s'élevant à 60 °C environ.

Mixer le Monvelay et l'ajouter au mélange précédent. Mélanger au fouet pour obtenir un appareil à gratin bien homogène. Saler et poivrer. Éteindre le feu.

Napper chacune des huîtres avec l'appareil à gratin et passer sous le gril pendant 1 à 2 min. Bien surveiller car cette opération est très rapide.

Finitions

Mélanger 1 pointe de safran à du gros sel pour le colorer. Étaler ce mélange sur les assiettes.

Disposer dessus 4 huîtres par personne, en appuyant bien de manière à les caler dans le sel. Servir chaud.

Œufs brouillés aux salpicons de bacon de la mer

Temps de préparation : 20 min
275 Kcal par personne

Marché pour 4 personnes

10 œufs
10 cl de lait écrémé
120 g de thon fumé (bacon de la mer)
1 cuil. à soupe de ciboulette hachée
Sel fin
Poivre du moulin

PRÉPARATION

Préparer un bain-marie dans une grande casserole d'eau frémissante.

Casser les œufs dans un cul-de-poule, les battre avec un fouet tout en ajoutant le lait écrémé. Saler légèrement.

Couper le thon fumé en petits cubes et réserver.

CUISSON

Mettre le cul-de-poule dans le bain-marie et remuer avec une cuillère en bois jusqu'à ce que le mélange devienne onctueux.

Stopper la cuisson en retirant la calotte du bain-marie. Saler et poivrer.

FINITIONS

Répartir les œufs brouillés dans des bols chauds. Parsemer de thon fumé et de ciboulette hachée et servir.

Moules au velouté

Temps de préparation : 50 min
138 Kcal par personne

Marché pour 4 personnes

1, 6 kg de moules
2 jaunes d'œufs
60 g de fromage blanc
à 60 % de matière grasse
100 g d'oignons
1 gousse d'ail
2 cuil. à soupe de persil haché
15 cl de vin blanc
Farine de guar (voir p. 143)
1 bouquet garni (persil, thym, laurier)
Curry en poudre
Sel fin
Poivre du moulin

PRÉPARATION ET CUISSON

Gratter et laver les moules.

Hacher finement les oignons et l'ail. Faire blondir les oignons 5 min dans une grande casserole à feu moyen, sans matière grasse, en remuant avec une cuillère en bois. Mouiller ensuite avec le vin blanc, ajouter la gousse d'ail hachée, le bouquet garni et le persil haché. Saler, poivrer et parfumer avec 1 pincée de curry. Laisser cuire à feu doux 15 min à découvert.

Verser les moules dans la casserole et mélanger. Faire cuire 5 à 6 min à couvert.

Pendant ce temps, monter un sabayon (voir p. 139). Incorporer le fromage blanc au sabayon, toujours au bain-marie, et réserver.

Égoutter les moules avec une écumoire. Conserver le jus de cuisson dans la casserole. Mettre les moules au chaud dans une autre casserole, à couvert, sur le coin du feu.

Œufs brouillés aux salpicons de bacon de la mer

Lier le jus de cuisson avec quelques pincées de farine de guar puis le verser sur le mélange sabayon-fromage blanc (toujours au bain-marie). Mélanger au fouet. La température de la sauce ne doit pas dépasser 60 °C, car au-delà, les jaunes d'œufs coagulent. Goûter et rectifier l'assaisonnement si nécessaire.

Finitions

Répartir les moules dans des assiettes creuses chaudes et arroser de sauce.

Palourdes farcies à notre façon

Temps de préparation : 50 min
66 Kcal par personne

Marché pour 4 personnes

32 palourdes
10 cl de vin blanc sec
60 g d'échalotes
20 g d'ail
4 tomates moyennes
4 feuilles de basilic
1 bouquet garni (persil, thym, laurier)
Paprika en poudre
Gros sel, sel fin
Poivre du moulin

Préparation et cuisson

Faire bouillir une casserole d'eau. Retirer le pédoncule des tomates, les plonger 30 s dans l'eau bouillante, les égoutter et les rafraîchir sous l'eau du robinet. Retirer la peau des tomates, puis les couper par la moitié, horizontalement. Enlever les pépins avec une petite cuillère. Concasser les tomates sur le plan de travail. Réserver.

Hacher les échalotes, l'ail et les feuilles de basilic. Réserver séparément. Faire suer les échalotes hachées dans une casserole, à feu moyen, sans matière grasse pendant 5 min tout en remuant avec une spatule en bois. Ajouter le vin blanc. Laisser cuire doucement jusqu'à réduction de moitié.

Ajouter les tomates concassées, l'ail haché et le bouquet garni. Saler légèrement. Bien mélanger et cuire à feu doux 30 min à découvert. Rectifier l'assaisonnement si nécessaire, ajouter le basilic haché. Réserver.

Préchauffer le four à 200 °C (th. 7). Ouvrir les palourdes délicatement avec un couteau à fine lame. Rassembler la chair de chaque palourde dans une des moitiés de la coquille. Jeter la partie vide. Remplir une à une les palourdes de farce et les ranger sur un plat allant au four. Passer au four 5 min.

Finitions

Mélanger à du gros sel un peu de paprika en poudre pour le colorer. Verser ensuite ce gros sel sur les assiettes. Sortir les palourdes du four et en disposer 8 sur chaque assiette, en les prenant avec une cuillère. Servir chaud.

Ravioles de langoustines aux petits légumes et leur coulis

Temps de préparation : 1 h 15
102 Kcal par personne

Marché pour 4 personnes

12 langoustines moyennes
1 boule de céleri
2 citrons (jus)
60 g de blanc de poireau
60 g de carotte
4 champignons de Paris
1 cuil. à café d'estragon haché
1 bouquet garni (persil, thym, laurier)
Gros sel, sel fin
Poivre du moulin, poivre en grains

Pour le coulis
50 g d'oignon
50 g de carotte
3 tomates moyennes
1 gousse d'ail
1 cuil. à soupe de concentré de tomate
20 cl de vin blanc sec
Farine de guar (voir p. 143)
1 bouquet garni (persil, thym, laurier)
1 clou de girofle
Safran en poudre

Pour la décoration
8 feuilles de menthe fraîche
4 tomates cerises

Matériel
1 emporte-pièce de 10 cm de diamètre

Préparation et cuisson

Verser de l'eau dans une casserole. Saler au gros sel, ajouter quelques grains de poivre et le bouquet garni et porter à ébullition. Plonger les langoustines dans l'eau bouillante. Dès que l'eau bout de nouveau, compter 5 min de cuisson, puis égoutter. Séparer la queue de la tête de chaque langoustine. Réserver les queues et les têtes séparément.

Préparation du coulis

Émincer finement l'oignon et la carotte. Les faire suer dans une grande casserole, à feu moyen, sans matière grasse tout en remuant avec une cuillère en bois pour que cela ne brûle pas. Retirer le pédoncule des tomates, les laver puis les couper en quatre. Les mélanger ensuite au reste des légumes, puis laisser cuire pendant environ 5 min, toujours à feu moyen et à découvert.

Pendant ce temps, broyer les têtes de langoustines au pilon, ou au batteur électrique à petite vitesse en utilisant la feuille. Ajouter les têtes broyées aux légumes. Ajouter également le concentré de tomate et bien mélanger le tout.

Mouiller avec le vin blanc. Écraser la gousse d'ail et l'ajouter avec le bouquet garni dans la casserole. Laisser réduire le vin blanc de moitié, tout en écumant. Mouiller avec 25 cl d'eau, saler au gros sel, ajouter le clou de girofle et quelques grains de poivre. Faire cuire 45 min, cuisson frémissante.

Au terme de la cuisson, mixer le tout, passer au chinois puis au chinois étamine. Remettre le coulis de langoustine sur le feu, laisser frémir puis incorporer au fouet quelques pincées de farine de guar pour lier, jusqu'à ce que le coulis devienne nappant.

Rectifier l'assaisonnement. Parfumer d'1 pointe de safran. Réserver au chaud.

Préparation des ravioles

Pendant la cuisson du coulis, éplucher la boule de céleri, la couper en tranches de 0,2 cm d'épaisseur (cette opération peut être réalisée avec un trancheur à jambon). Disposer les 12 plus belles tranches dans un plat, les arroser du jus des 2 citrons pour éviter qu'elles noircissent.

Tailler le poireau, la carotte et les champignons en julienne (fines allumettes). Mélanger avec l'estragon haché. Faire cuire la julienne à la vapeur pendant 3 min puis la passer sous l'eau fraîche.

Décortiquer les queues de langoustines. Les faire dorer dans une poêle antiadhésive sans matière grasse. C'est une opération très rapide.

Faire cuire à la vapeur les rouelles de céleri sans les superposer, 2 à 3 min. Passer sous l'eau fraîche. Étaler les rouelles de céleri sur le plan de travail et les découper avec l'emporte-pièce.

Assaisonner la julienne puis la poser en quantité égale au milieu de chaque rouelle de céleri. Placer 1 queue de langoustine dessus. Fermer les ravioles en repliant la rouelle de céleri sur elle-même, bord à bord.

Réchauffer les ravioles à la vapeur, 4 min. Ajouter les tomates cerises 2 min avant la fin pour les faire cuire.

Finitions

Répartir le coulis de langoustine dans 4 assiettes creuses et poser dans chaque assiette 3 ravioles.

Placer 2 feuilles de menthe sur chaque raviole puis 1 tomate cerise. Servir chaud.

Sauté de coquilles Saint-Jacques aux truffes

Temps de préparation : 60 min
154 Kcal par personne

Marché pour 4 personnes

8 coquilles Saint-Jacques
(les faire décortiquer par le poissonnier et conserver les 4 plus belles coquilles avec leur couvercle)
60 g de carotte
40 g de champignons de Paris
60 g de truffes
1 cuil. à soupe de persil haché
40 g d'oignon
4 pluches de cerfeuil
2 cl d'huile d'olive
Curry en poudre
Sel fin, poivre du moulin

Pour la sauce

120 g de viande maigre de bœuf (paleron)
15 cl de vin rouge
30 cl de fond de veau du commerce
(Maggi par exemple)
2 cl d'huile d'arachide
50 g d'oignon
50 g de carotte
1 gousse d'ail
1 branche de céleri
Farine de guar (voir p. 143)
1 bouquet garni (persil, thym, laurier)
1 clou de girofle
Gros sel, poivre en grains

Préparation de la sauce

Faire chauffer les 2 cl d'huile d'arachide dans une casserole. Couper le maigre de bœuf en petits cubes, les faire revenir dans la casserole chaude jusqu'à coloration. Disposer ensuite le bœuf sur du papier absorbant pour éliminer l'excédent de graisse. Retirer également la graisse se

Ravioles de langoustines aux petits légumes et leur coulis

trouvant au fond de la casserole avec du papier absorbant. Tailler grossièrement l'oignon et la carotte. Remettre la casserole sur le feu. Y faire suer l'oignon et la carotte pendant 7 à 8 min en remuant avec une spatule en bois.

Ajouter ensuite la viande de bœuf et mélanger. Mouiller avec le vin rouge. Faire réduire de moitié. Ajouter le fond de veau, la gousse d'ail écrasée, la branche de céleri, le bouquet garni, le clou de girofle et quelques grains de poivre. Saler légèrement au gros sel. Laisser cuire en écumant de temps à autre jusqu'à réduction de moitié.

Au terme de la cuisson, passer le tout au chinois en pressant avec une petite louche, puis au chinois étamine. Mettre la sauce sur le feu, lui donner une ébullition puis écumer. Rectifier l'assaisonnement, lier si nécessaire avec quelques pincées de farine de guar. Réserver au chaud.

Préchauffer le four à 180 °C (th. 6).

Préparation des coquilles

Couper la carotte, les champignons, l'oignon en petits cubes (brunoise) de 0,5 cm de côté. Réserver séparément.

Mettre à chauffer une poêle avec les 2 cl d'huile d'olive. Quand l'huile commence à fumer, disposer les noix de coquilles Saint-Jacques dedans pour leur donner une coloration sur chaque face, puis les tamponner avec du papier absorbant pour éliminer l'excédent d'huile d'olive. En faire de même avec la poêle.

Ranger les noix de coquilles Saint-Jacques dans un plat allant au four. Faire cuire la brunoise de carotte 4 min à la vapeur. Remettre la poêle sur le feu, y verser les dés d'oignon, les faire suer 3 min en remuant avec une cuillère en bois. Ajouter les champignons et laisser cuire pendant 5 min.

Ajouter ensuite la brunoise de carotte et le persil haché. Saler et poivrer, bien mélanger, puis réserver au chaud. Assaisonner les coquilles Saint-Jacques et terminer leur cuisson au four pendant 4 min.

Finitions

Couper les truffes en julienne (fines allumettes).

Mélanger du curry à du gros sel pour le colorer. Le verser ensuite sur les assiettes.

Faire chauffer les coquilles vides quelques instants au four, à 60 °C. Disposer dans chacune 2 noix de coquilles Saint-Jacques. Ajouter les petits légumes et arroser de sauce. Parsemer le tout de julienne de truffes.

Poser 1 coquille sur chaque assiette calée dans le gros sel. Remettre le couvercle entrebâillé et glisser 1 pluche de cerfeuil dans chaque entrebâillement de coquille pour la présentation.

Servir chaud.

Les potages

Bisque de crustacés

Temps de préparation : 1 h 15
66 Kcal par personne

Marché pour 4 personnes

4 étrilles cuites
1 tourteau de 400 g cuit
300 g de langoustines cuites
2 cuil. à soupe de concentré de tomate
15 cl de vin blanc
40 g d'oignon
40 g de carotte
60 g de poireau
100 g de tomates
1 gousse d'ail
1 bouquet garni (thym, laurier, persil)
1 clou de girofle
Safran en poudre
Gros sel, sel fin, poivre du moulin

PRÉPARATION ET CUISSON

Tailler grossièrement l'oignon, la carotte et le poireau. Faire chauffer une grande casserole, sans matière grasse, sur un feu moyen. Y faire suer les légumes, sans coloration jusqu'à ce qu'ils deviennent fondants. Remuer avec une spatule en bois.

Broyer les crustacés au pilon ou dans un batteur électrique. Retirer le pédoncule des tomates. Les couper en quatre puis les ajouter dans la casserole ainsi que les crustacés broyés.

Ajouter le concentré de tomate. Bien mélanger avec une spatule en bois. Mouiller avec le vin blanc puis porter à ébullition.

Ajouter ensuite 60 cl d'eau, la gousse d'ail écrasée, le bouquet garni et le clou de girofle. Saler légèrement au gros sel. Faire cuire pendant 45 min, cuisson frémissante. Écumer si nécessaire.

Au terme de la cuisson, mixer le potage et le passer au chinois étamine en pressant avec une petite louche afin d'obtenir une bisque bien épurée.

FINITIONS

Rectifier l'assaisonnement si nécessaire en sel fin et poivre du moulin. Parfumer d'une pointe de safran. Servir bien chaud.

Consommé de la mer aux algues

Temps de préparation : 60 min
68 Kcal par personne

Marché pour 4 personnes

500 g d'arêtes de sole (sans la tête)
50 g de crevettes décortiquées
16 coques
15 cl de vin blanc
60 g d'oignon
60 g de poireau
20 g de laitue de mer (variété d'algues)
20 g de dulse (variété d'algues)
1 cuil. à soupe d'aneth finement haché
1 bouquet garni (thym, laurier, persil)
1 clou de girofle
Safran en poudre
Sel fin, poivre du moulin, poivre en grains

PRÉPARATION ET CUISSON

Laisser tremper les arêtes 30 min dans de l'eau froide. Laver à plusieurs eaux les coques pour éliminer le sable.

Émincer l'oignon et le poireau puis les faire suer pendant 5 à 6 min, sans coloration, dans une casserole sans matière grasse, à feu moyen, en remuant avec une spatule en bois.

Couper les arêtes en petits morceaux et les ajouter dans la casserole. Mouiller avec le vin blanc. Porter à ébullition puis ajouter 50 cl d'eau, le bouquet garni, le clou de girofle et quelques grains de poivre. Saler légèrement. Laisser cuire durant 40 min, cuisson frémissante. Ne pas remuer le consommé car cela pourrait le troubler. Écumer délicatement si nécessaire.

Pendant ce temps, faire cuire les coques avec un peu d'eau à couvert, pendant 2 min, puis les décoquiller. Émincer les algues le plus finement possible. Réserver.

Passer le consommé au chinois étamine, en pressant avec précaution avec une louche. Porter à ébullition, goûter, rectifier l'assaisonnement si nécessaire.

Parfumer d'une pointe de safran. Ajouter l'aneth haché et les algues émincées.

FINITIONS

Verser le consommé en soupière ou en bols individuels. Ajouter les crevettes et les coques décortiquées.

Crème d'asperge blanche

Temps de préparation : 50 min
77 Kcal par personne

Marché pour 4 personnes

500 g d'asperges blanches
50 g de blanc de poireau
50 g de courgette
20 cl de fond de volaille du commerce (Maggi par exemple)
30 cl de lait écrémé
Noix muscade râpée
Gros sel, sel fin, poivre du moulin

PRÉPARATION ET CUISSON

Émincer finement le blanc de poireau et le laver. Éplucher et couper grossièrement la courgette. Éplucher et laver les asperges puis les tailler en petits morceaux.

Faire chauffer une grande casserole sans matière grasse, à feu moyen. Y mettre le blanc de poireau à suer sans coloration, jusqu'à ce qu'il devienne fondant, en remuant avec une cuillère en bois.

Ajouter ensuite les morceaux de courgette et d'asperges. Mouiller avec le fond de volaille et le lait écrémé. Saler légèrement au gros sel. Porter à ébullition et écumer si nécessaire. Laisser cuire pendant 30 min, cuisson frémissante. Au terme de la cuisson, mixer le potage et le passer au chinois étamine.

FINITIONS

Rectifier l'assaisonnement si nécessaire avec du sel fin et du poivre. Parfumer d'1 pincée de muscade râpée. Servir bien chaud.

Crème de carotte et ses brins de ciboulette

Temps de préparation : 60 min
70 Kcal par personne

Marché pour 4 personnes

50 g d'oignon
800 g de courgettes
250 g de carottes
1 botte de ciboulette
20 cl de fond de volaille du commerce (Maggi par exemple)
30 cl de lait écrémé
Gros sel, sel fin, poivre du moulin

Préparation et cuisson

Émincer finement l'oignon. Éplucher les courgettes et les couper grossièrement ainsi que les carottes. Faire chauffer une grande casserole sans matière grasse, à feu moyen. Y mettre les oignons à suer, sans coloration, pendant 5 min, en remuant avec une cuillère en bois.

Ajouter les carottes et les courgettes, mouiller avec le fond de volaille et le lait écrémé. Saler légèrement au gros sel et poivrer. Porter à ébullition et écumer si nécessaire. Laisser cuire pendant 40 min, cuisson frémissante.

Pendant ce temps, couper la ciboulette en petites brindilles d'environ 4 cm de long. Réserver au frais.

Mixer le potage puis le passer au chinois en pressant avec une petite louche.

Finitions

Verser la crème de carotte dans une soupière ou dans des bols individuels et parsemer de brindilles de ciboulette.

Potage mixé de poireau et de courgette

Temps de préparation : 60 min
82 Kcal par personne

Marché pour 4 personnes

60 g d'oignon
300 g de poireaux
300 g de courgettes
30 cl de fond de volaille du commerce (Maggi par exemple)
60 g de carotte
1 cuil. à soupe de persil frais haché
Noix muscade râpée
Gros sel, sel fin, poivre du moulin

Préparation et cuisson

Émincer finement l'oignon. Laver et couper les poireaux dans le sens de la longueur puis les émincer finement. Faire chauffer une grande casserole, sans matière grasse, à feu moyen. Y faire suer l'oignon et les poireaux pendant 5 à 6 min, sans coloration. Remuer avec une cuillère en bois.

Éplucher les courgettes, les couper grossièrement et les ajouter dans la casserole. Mouiller avec le fond de volaille, saler légèrement au gros sel et porter à ébullition. Écumer et laisser cuire 40 min, cuisson frémissante.

Pendant ce temps, tailler la carotte en petits cubes de 4 cm de côté. Les cuire à la vapeur pendant 5 min puis les rafraîchir sous l'eau froide. Réserver.

Mixer le potage et le passer au chinois étamine en pressant avec une petite louche.

Rectifier l'assaisonnement si nécessaire. Parfumer d'1 pincée de muscade râpée. Ajouter le persil haché et mélanger.

Finitions

Répartir dans les bols ou les assiettes de service les cubes de carotte puis verser le potage bouillant. Servir immédiatement.

Potage forestier

Temps de préparation : 60 min
85 Kcal par personne

Marché pour 4 personnes

60 g d'oignon
80 g de courgette
500 g de cèpes
60 g de shiitakes
(champignons asiatiques, également appelés lentins comestibles)
1 bouquet de persil frisé frais
30 cl de fond de volaille du commerce
(Maggi par exemple)
20 cl de lait écrémé
Gros sel, sel fin, poivre du moulin

Préparation et cuisson

Nettoyer les cèpes à l'aide d'un torchon humide. Émincer finement l'oignon. Faire chauffer une grande casserole, sans matière grasse, à feu moyen. Y faire suer l'oignon, sans coloration. Remuer avec une cuillère en bois.

Couper grossièrement la courgette épluchée et les cèpes et les ajouter dans la casserole.

Mouiller avec le fond de volaille et le lait écrémé, saler légèrement au gros sel et porter à ébullition. Écumer si nécessaire et laisser cuire pendant 40 min, cuisson frémissante.

Pendant ce temps, laver les shiitakes, puis les émincer finement. Les faire cuire 2 min à la vapeur. Réserver.

Mixer le potage et le passer au chinois étamine. Rectifier l'assaisonnement si nécessaire.

Finitions

Verser le potage dans une soupière ou dans des bols individuels. Parsemer de shiitakes émincés et décorer d'un petit bouquet de persil.

Filet de bar doré avec la peau et ses coquillages

Les poissons

Les poissons sont indispensables dans la composition de plats légers, car ils sont peu énergétiques. Mais attention à la cuisson : si la température du four est trop élevée ou si vous prolongez la cuisson, le poisson se dessèche et perd une partie de ses vitamines et de sa saveur. Je tiens aussi à rendre hommage aux marins-pêcheurs qui, chaque jour, affrontent la mer souvent houleuse. Ils exercent un métier difficile, parfois au péril de leur vie.

Blanquette de turbot au curry et ses bûchettes de légumes vapeur

Temps de préparation : 1 h 20
205 Kcal par personne

Marché pour 4 personnes

680 g de filet de turbot
10 cl de vin blanc sec
25 cl de fumet de poisson du commerce (Maggi par exemple)
Persil plat
Sel fin
Poivre du moulin

Légumes pour les bûchettes
80 g de carotte
80 g de haricots verts
60 g de poivron rouge
80 g de courgette

Pour la sauce
2 jaunes d'œufs
60 g de fromage blanc à 0 % de matière grasse
Farine de guar (voir p. 143)
Safran en poudre

Préparation des bûchettes de légumes

Éplucher la carotte, puis tailler la carotte, la courgette (non épluchée) et le poivron en petites bûchettes de 3 cm de long et de 0,5 cm de large. Couper les haricots verts en petits bâtonnets de 3 cm.

Faire cuire les légumes à la vapeur séparément (8 min pour la carotte, 3 min pour la courgette, 5 min pour le poivron et 5 min pour les haricots verts). Les rafraîchir ensuite sous l'eau froide pour arrêter la cuisson.

Préparation de la sauce

Lier le fumet de poisson avec quelques pincées de farine de guar. Monter un sabayon (voir p. 139). Incorporer le fromage blanc avec un fouet, toujours au bain-marie. Ajouter le fumet tiède et mixer pour obtenir un mélange homogène. Saler et poivrer. Parfumer d'une touche de safran.

Réserver cette sauce au bain-marie.

Cuisson du turbot

Préchauffer le four à 180 °C (th. 6). Couper le turbot en 4 portions égales. Les disposer dans un plat allant au four. Mouiller avec le vin blanc. Saler et poivrer. Mettre à cuire au four pendant 8 à 10 min.

Finitions

Mélanger les bûchettes de légumes et les réchauffer 1 min à la vapeur.

Servir dans un plat de service ou dans des assiettes creuses. Y déposer les filets de poisson, les napper de sauce et parsemer de légumes. Décorer d'1 brin de persil.

Civet de homard breton aux truffes et ses petits légumes vapeur

Temps de préparation : 60 min
204 Kcal par personne

Marché pour 4 personnes

2 homards de 700 g pièce
60 g de truffes noires
1 cuil. à café d'huile d'olive

1 bouquet garni (persil, thym, laurier)
1 clou de girofle
Gros sel, sel fin, poivre du moulin, poivre en grains

Pour la sauce
50 cl de vin rouge
50 cl de fond de volaille du commerce (Maggi par exemple)
60 g d'oignon
50 g de carotte
1 blanc de poireau
1 branche de céleri
1 gousse d'ail, 1 clou de girofle
1 bouquet garni (persil, thym, laurier)

Pour la garniture
80 g de carotte
80 g de blanc de poireau
4 champignons de Paris
16 moules
5 cl de vin blanc sec

Préparation du court-bouillon

Mettre dans une grande casserole 3 litres d'eau, quelques grains de poivre, 1 clou de girofle, 1 poignée de gros sel et 1 bouquet garni, puis porter à ébullition.

Plonger les homards dans le court-bouillon et laisser cuire 5 min quand l'eau bout à nouveau. Égoutter les homards puis les décortiquer. Réserver le corail et les carapaces.

Préparation de la sauce

Couper grossièrement l'oignon, la carotte et le blanc de poireau. Les faire suer dans une grande casserole sans matière grasse, pendant 5 min, en remuant avec une cuillère en bois.

Concasser les carapaces de homards et les ajouter aux légumes. Mouiller avec le vin rouge et laisser réduire à feu doux jusqu'à l'évaporation presque complète du vin. Ajouter le fond de volaille, la branche de céleri, la gousse d'ail écrasée (sans le germe), le bouquet garni, le clou de girofle. Saler et poivrer.

Laisser cuire à feu moyen jusqu'à l'obtention d'une sauce légèrement nappante. Passer le tout au chinois étamine, écraser le corail et l'incorporer à la sauce.

Rectifier l'assaisonnement si nécessaire. Réserver au chaud.

Préparation de la garniture

Laver les légumes. Découper la carotte et le poireau en sifflets de 1 cm d'épaisseur et les champignons en lamelles. Faire cuire les légumes séparément à la vapeur (8 min pour la carotte, 2 min pour le poireau et pour les champignons), les rafraîchir puis les mélanger.

Nettoyer les moules. Dans une casserole, porter à ébullition les 5 cl de vin blanc. Y verser ensuite les moules, puis laisser cuire 5 min environ. Décoquiller les moules et les réserver.

Faire chauffer le four à 180 °C (th. 6).

Couper en morceaux les queues et les pinces de homard décortiquées. Les faire revenir, dans une poêle, à l'huile d'olive, jusqu'à coloration. Saler, poivrer. Terminer la cuisson au four pendant 5 min.

Réchauffer la garniture de légumes et les moules à la vapeur.

Couper les truffes en lamelles.

Finition

Répartir dans des assiettes creuses les morceaux de homard puis la garniture de légumes et les moules.

Parsemer de fines lamelles de truffes. Napper de sauce et servir.

Dos de dorade rôti avec la peau parfumé aux appétits et sa crème de tomate et de poivron rouge au pavot

Temps de préparation : 60 min
223 Kcal par personne

Marché pour 4 personnes

2 dorades roses de 800 g pièce (faire lever les filets par le poissonnier, en laissant la peau)
60 g de poireau
60 g de fenouil
50 g de dulse (variété d'algues)
1 cuil. à soupe d'aneth haché
1 citron
Curry en poudre
Paprika en poudre
Fleur de sel
Sel fin, poivre du moulin

Pour le coulis
200 g de tomates
100 g de poivron rouge
60 g d'oignon
1 gousse d'ail
1 bouquet garni (persil, thym, laurier)
1 cuil. à soupe de graines de pavot bleu
Farine de guar (voir p. 143)
Gros sel

Préparation du coulis

Faire bouillir de l'eau dans une casserole. Retirer le pédoncule des tomates puis les plonger dans l'eau bouillante pendant 30 s environ. Les rafraîchir et retirer la peau. Couper les tomates horizontalement. Enlever les pépins avec une petite cuillère puis les concasser sur une planche à l'aide d'un couteau.

Émincer finement l'oignon et le poivron rouge. Les mettre à suer sans coloration dans une casserole, sans matière grasse, pendant 6 min. Remuer avec une spatule en bois.

Ajouter ensuite les tomates concassées. Bien mélanger et mouiller avec 10 cl d'eau. Ajouter la gousse d'ail écrasée et le bouquet garni. Saler légèrement au gros sel. Laisser cuire 30 min.

Au terme de la cuisson, retirer le bouquet garni et mixer en coulis. Passer au chinois étamine et lier avec la farine de guar jusqu'à ce que le coulis devienne nappant. Rectifier l'assaisonnement et incorporer les graines de pavot. Réserver au chaud.

Cuisson de la dorade

Préchauffer le four à 180 °C (th. 6). Émincer le poireau, le fenouil et la dulse très finement. Mélanger le tout et faire cuire 3 min à la vapeur.

Préparer les appétits en versant dans un bol la valeur de 2 cuil. à soupe de fleur de sel. Ajouter quelques pincées de curry et de paprika puis l'aneth haché. Mélanger.

Disposer l'émincé de légumes dans un plat allant au four. Poser les filets de dorade dessus, côté chair. Assaisonner de quelques pincées d'appétits. Cuire au four pendant 7 à 8 min.

Finitions

Poser 1 filet de dorade sur chaque assiette, avec les petits légumes en dessous. Verser la crème de tomate et de poivron autour.

Couper le citron en 4 tranches et en poser 1 sur chaque filet de dorade. Parsemer le bord des assiettes avec les appétits qui restent.

Filet de bar doré avec la peau et ses coquillages

Temps de préparation : 55 min
238 Kcal par personne

Marché pour 4 personnes

640 g de filet de bar avec la peau
8 moules
8 palourdes
500 g de coques
60 g d'échalotes
1 gousse d'ail
4 tomates moyennes
1 cuil. à soupe d'estragon frais haché
1 botte de ciboulette
1 cuil. à soupe de concentré de tomate
Garam masala (mélange d'épices)
Safran en poudre
1 cuil. à soupe d'huile d'olive
Fleur de sel
Sel fin
Poivre du moulin

Préparation des coquillages

Faire dégorger les coques 20 min dans de l'eau froide. Pendant ce temps, faire ouvrir les moules et les palourdes dans une casserole, à couvert, pendant 2 à 3 min. Égoutter les coques et les faire ouvrir comme les moules et les palourdes. Décoquiller le tout et réserver.

Faire bouillir de l'eau dans une casserole. Retirer le pédoncule des tomates puis les plonger 30 s dans l'eau bouillante. Les rafraîchir puis retirer la peau et les pépins avec une petite cuillère. Les concasser sur une planche avec un couteau.

Hacher l'ail et les échalotes finement. Dans une poêle antiadhésive, les faire suer 3 à 4 min à feu doux, sans matière grasse, tout en remuant avec une cuillère en bois pour ne pas laisser brûler.

Ajouter les tomates concassées et le concentré de tomate. Saler. Parfumer avec 1 pincée de garam masala et l'estragon haché. Mélanger et laisser cuire 10 min à feu doux, en remuant de temps à autre.

Ajouter les coquillages dans le mélange à la tomate et rectifier l'assaisonnement si nécessaire. Réserver au chaud.

Cuisson du bar

Préchauffer le four à 180 °C (th. 6). Couper le filet de bar en 4 portions de 160 g chacune. Bien les sécher avec du papier absorbant. Faire chauffer une grande poêle antiadhésive avec l'huile d'olive. Lorsque l'huile devient fumante, disposer les morceaux de bar dans la poêle, côté peau, et les faire dorer sur chaque face. Poser le poisson dans un plat allant au four. Préparer des appétits (voir p. 143) en mélangeant 1 cuil. à soupe de fleur de sel et 1 ou 2 pincées de safran. En assaisonner les morceaux de bar. Terminer la cuisson au four, pendant 7 min environ.

Réserver le reste des appétits pour décorer l'assiette.

Finitions

Poser au centre de chaque assiette un peu de poêlée de coquillages. Placer dessus un morceau de poisson.

Couper la ciboulette en brindilles de 4 cm de long et en décorer le plat. Parsemer le bord de l'assiette d'une pincée d'appétits.

Filet de maquereau rôti en croûte de moutarde aux algues et son sabayon au citron vert

Temps de préparation : 30 min
297 Kcal par personne

Marché pour 4 personnes

4 maquereaux de 400 g
(faire lever les filets par le poissonnier)
80 g de poireau
60 g de poivron rouge
3 tomates moyennes
80 g de moutarde aux algues
Sel fin
Poivre du moulin

Pour le sabayon au citron
2 jaunes d'œufs
120 g de fromage blanc à 0 % de matière grasse
6 cl de jus de citron vert

Préparation et cuisson

Préchauffer le four à 180 °C (th. 6).

Tailler le poireau en julienne (fines allumettes), puis le laver. Faire bouillir une casserole d'eau. Retirer le pédoncule des tomates et les plonger dans l'eau bouillante environ 30 s. Les rafraîchir, retirer la peau et les pépins avec une petite cuillère. Couper les tomates en petits cubes.

Émincer finement le poivron. Mélanger le poireau et le poivron et les faire cuire à la vapeur 2 min.

Disposer ce mélange de légumes dans un plat allant au four et suffisamment grand pour contenir les 8 filets de maquereaux bien à plat. Parsemer de dés de tomate. Saler et poivrer.

Ranger les filets de poisson dans le plat. Saler et poivrer. Badigeonner de moutarde aux algues. Faire cuire 6 min au four.

Préparation du sabayon au citron vert

Monter le sabayon (voir p. 139). Incorporer le fromage blanc, toujours au bain-marie, de façon à obtenir une température de 60 °C. Ajouter le jus de citron vert. Saler et poivrer.

Finitions

Disposer 2 filets de maquereau sur chaque assiette, sur la garniture de légumes. Verser le sabayon au citron vert tout autour.

Filet d'empereur à la vapeur de poireau, sauce bourguignonne, et son coulis de carotte à la ciboulette

Temps de préparation : 60 min
203 Kcal par personne

Marché pour 4 personnes

720 g de filet d'empereur
180 g de poireau
Paprika en poudre
Fleur de sel
Sel fin, poivre du moulin

Pour la sauce bourguignonne
200 g de maigre de bœuf (paleron)
20 cl de vin rouge
30 cl de fond de veau du commerce
(Maggi par exemple)

60 g d'oignon
60 g de carotte
1 branche de céleri
1 gousse d'ail
1 bouquet garni (persil, thym, laurier)
1 clou de girofle
Poivre en grains

Pour le coulis de carotte à la ciboulette
150 g de carotte
2 cuil. à soupe de ciboulette hachée
15 cl de lait écrémé
Curry en poudre

Préparation de la sauce bourguignonne

Faire chauffer une grande casserole sans matière grasse. Y saisir le bœuf découpé en petits cubes afin d'obtenir une coloration. Couper l'oignon et la carotte en petits cubes, les ajouter à la viande. Laisser suer 5 min puis mouiller avec le vin rouge. Ajouter la gousse d'ail écrasée, la branche de céleri et le bouquet garni.

Porter à ébullition, écumer si nécessaire, laisser réduire de moitié à feu doux. Verser ensuite le fond de veau. Ajouter du poivre en grains, 1 clou de girofle et saler légèrement. Laisser cuire, cuisson frémissante, 45 min.

Passer ensuite au chinois puis au chinois étamine. Rectifier l'assaisonnement et réserver au chaud.

Préparation du coulis de carotte

Couper la carotte en petits morceaux, puis la faire cuire à la vapeur entre 8 et 10 min, jusqu'à ce que l'on puisse la mettre facilement en purée.

Pendant ce temps, faire chauffer le lait. Verser les morceaux de carotte dans une casserole, ajouter la moitié du lait chaud puis mixer jusqu'à l'obtention d'un coulis. Passer le coulis au chinois étamine en pressant avec une petite louche. Mélanger le coulis avec un fouet, tout en versant le lait restant, jusqu'à ce qu'il devienne nappant.

Parfumer avec quelques pincées de curry. Saler, poivrer et incorporer la ciboulette. Réserver au chaud.

Cuisson du poisson

Préchauffer le four à 180 °C (th. 6). Tailler le poireau en julienne (fines allumettes) et la disposer dans un plat allant au four. Saler et poivrer.

Couper le filet d'empereur en 4 portions de 180 g et le coucher sur la julienne de poireau. Mélanger 2 pincées de paprika à 1 cuil. de fleur de sel et en assaisonner le poisson. Faire cuire environ 8 min au four.

Finitions

Faire un liseré de coulis de carotte autour de l'assiette. Poser le poisson au milieu.

Napper de sauce bourguignonne et disposer en quantité égale la julienne de poireau sur le poisson.

Homard grillé parfumé au Grillalgues et son « beurre blanc »

Temps de préparation : 45 min
260 Kcal par personne

Marché pour 4 personnes

4 homards de 700 g pièce
50 g de Grillalgues (voir p. 143)

Pour la sauce
2 jaunes d'œufs
160 g de fromage blanc à 0 % de matière grasse
40 g d'échalotes
15 cl de vinaigre de cidre
Sel fin, poivre du moulin

Préparation et cuisson

Faire bouillir une grande marmite d'eau salée. Y plonger les homards pendant environ 1 min. Faire chauffer le four à 200 °C (th. 6 1/2).

Égoutter les homards puis les couper en deux dans le sens de la longueur. Les disposer dans un plat allant au four, côté carapace, et saupoudrer de Grillalgues.

Laisser cuire pendant 12 min au four. Allumer le gril 2 min avant la fin de la cuisson pour donner au homard un petit goût de grillé.

Préparation de la sauce

Hacher finement les échalotes. Les verser dans une casserole. Mouiller avec le vinaigre de cidre. Faire réduire complètement le vinaigre à feu doux. Passer les échalotes au mixeur pour obtenir une purée.

Monter un sabayon (voir p. 139). Incorporer le fromage blanc au sabayon, toujours au bain-marie, jusqu'à ce que le mélange atteigne une température de 50 à 60 °C environ. Ajouter la purée d'échalote, saler et poivrer. Réserver au chaud au bain-marie.

Finitions

Vous pouvez plonger des algues dans de l'eau chaude quelques secondes pour les verdir. Les disposer sur le plat ou les assiettes de service et poser les homards dessus. Servir le « beurre blanc » à part, en saucière.

Pavé de lieu jaune en papillote de saccharina, sauce au vinaigre de framboise

Temps de préparation : 30 min
210 Kcal par personne

Marché pour 4 personnes

640 g de filet de lieu sans la peau
400 g de saccharina fraîche ou déshydratée (voir p. 143)
80 g de blanc de poireau
80 g de carotte
60 g de courgette
Sel fin
Poivre du moulin

Pour la sauce
2 jaunes d'œufs
120 g de fromage blanc à 0 % de matière grasse
40 g d'échalotes
15 cl de vinaigre de framboise

Préparation et cuisson

Hacher finement les échalotes. Les mettre dans une casserole et verser le vinaigre de framboise. Faire cuire à feu doux jusqu'à l'évaporation du vinaigre, sans faire brûler les échalotes.

Pendant ce temps, tailler les légumes en julienne (fines allumettes). Mélanger et faire cuire à la vapeur pendant 3 min. Saler et poivrer.

Faire tremper la saccharina dans de l'eau froide si elle est déshydratée. Couper le filet de lieu en 4 pavés de 160 g. Égoutter la saccharina et la laisser sécher sur du papier absorbant ou sur un torchon propre.

Préchauffer le four à 180 °C (th. 6).

Découper la saccharina en feuilles suffisamment longues pour envelopper les pavés de poisson. Placer 1 feuille de saccharina sur le plan de travail. Déposer sur une moitié de la feuille la julienne de légumes puis 1 pavé de lieu et rabattre l'autre moitié de la feuille pour envelopper le tout. Renouveler l'opération pour les 3 autres pavés.

Placer les papillotes dans un plat allant au four et les faire cuire pendant 10 min.

Pendant ce temps, terminer la sauce en montant un sabayon avec les jaunes d'œufs (voir p. 139). Ajouter le fromage blanc, toujours au bain-marie, puis la réduction d'échalote. Bien mélanger au mixeur. Saler et poivrer. Conserver la sauce au bain-marie à 60 °C.

Finitions

Disposer 1 papillote au milieu de chaque assiette et verser autour la sauce au vinaigre de framboise.

Pavé de saumon pané au Tapenalgues et ses appétits

Temps de préparation : 30 min
346 Kcal par personne

Marché pour 4 personnes

640 g de saumon en filet
80 g de poireau
60 g de carotte
4 champignons de Paris
2 tomates moyennes
1 cuil. à soupe d'aneth finement haché
4 cuil. à soupe de Tapenalgues (voir p. 143)
Cumin en poudre
Safran en poudre
Fleur de sel, sel fin
Poivre du moulin

Préparation et cuisson

Préchauffer le four à 180 °C (th. 6).

Faire bouillir une casserole d'eau. Retirer le pédoncule des tomates. Plonger les tomates dans l'eau bouillante 30 s environ. Les rafraîchir puis retirer la peau.

Couper le poireau et la carotte en quatre dans le sens de la longueur puis les émincer finement. Laver les champignons, les émincer et les mélanger au poireau et à la carotte. Faire cuire le tout 3 à 4 min à la vapeur. Au terme de la cuisson, étaler ce mélange dans un plat allant au four.

Couper les tomates en deux horizontalement, les épépiner avec une petite cuillère. Les concasser et les répartir dans le plat sur les autres légumes. Saler et poivrer.

Couper le saumon en 4 portions de 160 g chacune, puis les poser dans le plat sur les légumes. Étaler 1 cuil. à soupe de Tapenalgues sur chaque portion de saumon, comme une panure. Mettre à cuire au four pendant 8 min.

Pendant ce temps, préparer les appétits. Pour cela, verser dans un bol 4 cuil. à soupe de fleur de sel, 1 pointe de safran, 1 pincée de cumin et l'aneth haché. Bien mélanger le tout.

Finitions

Disposer 1 portion de saumon au centre de chaque assiette. Accompagner des petits légumes de cuisson.

Parsemer le bord de l'assiette de quelques pincées d'appétits. Poser le reste sur la table dans une coupelle, pour que chacun puisse se servir.

Conseil

Cette recette est facile à réaliser et prend très peu de temps.

Pot-au-feu de poissons et son fumet safrané

Temps de préparation : 1 h 10
213 Kcal par personne

Marché pour 4 personnes

200 g de filet de saumon
200 g de filet de barbue
1 sole de 600 g
(faire lever les filets par le poissonnier, conserver les arêtes de barbue et de sole)
4 langoustines moyennes
120 g de carotte, 100 g de courgette
80 g de poivron rouge
80 g de céleri-branche
40 cl de fumet de poisson du commerce (Maggi par exemple)
4 brins d'aneth
1 bouquet garni (persil, thym, laurier)
Fleur de sel de Guérande
Sel fin, gros sel, poivre du moulin

Préparation et cuisson

Couper les arêtes en morceaux. Les faire dégorger 20 min dans l'eau, puis les rincer. Pendant ce temps, laver et couper les champignons en quatre.

Émincer finement l'oignon et le poireau. Les faire suer sans coloration, pendant 5 min, dans une casserole à feu moyen sans matière grasse. Remuer sans cesse. Ajouter les arêtes, les champignons et le bouquet garni. Mouiller avec le vin blanc. Laisser cuire, cuisson frémissante, 5 à 6 min. Verser ensuite 40 cl d'eau et laisser cuire 30 min à feu doux et à découvert.

Au terme de la cuisson, passer le fumet au chinois étamine en le prenant délicatement avec une louche dans la casserole, sans le remuer. Réserver au chaud.

Pendant la cuisson du fumet, couper la carotte, la courgette, le poivron rouge et le céleri-branche en petits bâtonnets de 3 cm de long sur 0,5 cm de large environ. Ne pas mélanger les légumes.

Cuire les légumes séparément à la vapeur : 8 min pour la carotte, 3 min pour la courgette, 5 min pour le poivron et 6 min pour le céleri-branche. Rafraîchir sous l'eau après cuisson. Mélanger les légumes et réserver.

Préchauffer le four à 180 °C (th. 6).

Couper les filets de saumon et de barbue en morceaux de 50 g, puis les disposer dans un plat allant au four. Rouler les 4 filets de sole et les ajouter dans le plat avec les autres poissons. Mouiller avec 10 cl de fumet. Saler à la fleur de sel. Faire cuire au four 7 min.

Verser de l'eau dans une casserole pour la cuisson des langoustines. Ajouter le bouquet garni. Saler au gros sel et porter à ébullition. Plonger les langoustines dans l'eau bouillante. Laisser cuire 5 min dès que l'eau bout à nouveau et égoutter.

Décortiquer la queue des langoustines de manière à ce que la chair reste attachée à la tête.

Assaisonner le fumet et le parfumer avec 1 pincée de safran. Réchauffer les légumes au four micro-ondes ou dans le fumet.

FINITIONS

Disposer 1 morceau de poisson de chaque espèce dans 4 assiettes creuses.

Parsemer de légumes. Poser dessus 1 langoustine puis verser le fumet chaud.

Décorer d'1 brin d'aneth.

Queue de lotte au paprika rôtie au four et sa crème de courgette à l'ail

Temps de préparation : 50 min
272 Kcal par personne

Marché pour 4 personnes

1 filet de lotte de 720 g
50 g de riz basmati
50 g de riz sauvage
40 g de carotte
40 g de courgette
40 g de poivron rouge
Paprika doux en poudre
Sel fin, gros sel, poivre du moulin

Pour la crème de courgette à l'ail
200 g de courgette
3 gousses d'ail
20 cl de lait écrémé
Muscade râpée

PRÉPARATION ET CUISSON

Cuire les riz séparément dans de l'eau bouillante salée (8 à 11 min pour le riz basmati et 12 min pour le riz sauvage). Égoutter et rafraîchir.

Éplucher la carotte et la courgette. Couper la carotte, la courgette et le poivron en petits cubes de 0,5 cm de côté. Faire cuire ces légumes à la vapeur, séparément (5 min pour la carotte, 2 min pour la courgette, 4 min pour le poivron), puis les rafraîchir. Mélanger le tout avec les deux riz. Goûter et rectifier l'assaisonnement si nécessaire.

Ficeler le filet de lotte en rôti. Verser du paprika dans un plat et y rouler le rôti de lotte, comme pour le paner. Saisir la lotte de tous côtés, dans une poêle antiadhésive sans matière grasse, jusqu'à ce qu'elle devienne légèrement colorée.

Préchauffer le four à 180 °C (th. 6). Poser le rôti de lotte dans un plat allant au four et le réserver en attendant la cuisson.

Préparation de la crème de courgette

Couper la courgette grossièrement. Écraser les gousses d'ail en retirant le germe. Faire cuire le tout à la vapeur jusqu'à ce que l'on puisse les réduire en purée facilement.

Faire chauffer le lait. Mixer la courgette et l'ail dans un saladier, avec la moitié du lait, pour obtenir un coulis. Passer au chinois étamine en pressant avec une petite louche.

Ajouter le reste du lait, tout en remuant, afin que la crème de courgette soit nappante. Saler, poivrer et parfumer avec quelques pincées de muscade. Réserver au chaud.

Saler la lotte et la faire à cuire au four pendant 15 min.

Pendant ce temps, faire chauffer la garniture aux riz.

Finitions

Couper le rôti de lotte en médaillons (3 par personne). Verser une couronne de crème de courgette dans chaque assiette.

Disposer les 3 médaillons de lotte au centre, en les faisant se chevaucher légèrement.

Parsemer chaque portion de poisson de garniture aux riz.

Sardines de Quiberon rôties à la fleur de sel de Guérande, piperade aux herbes

Temps de préparation : 30 min
250 Kcal par personne

Marché pour 4 personnes

20 petites sardines (environ 1,4 kg)
(les faire préparer par le poissonnier)
60 g de poivron rouge
60 g de poivron jaune
60 g de poivron vert
4 gousses d'ail
2 citrons
1 cuil. à soupe d'estragon frais haché
1 cuil. à soupe d'aneth frais haché
1 cuil. à soupe de ciboulette fraîche hachée
1 cuil. à soupe d'huile d'olive
Fleur de sel de Guérande
Sel fin
Poivre du moulin

Préparation de la piperade aux herbes

Passer les poivrons 1 min à four chaud puis retirer la peau. Les émincer en fines lamelles. Les faire suer, à l'huile d'olive, dans une casserole, à feu moyen, sans coloration.

Retirer les germes et émincer finement les gousses d'ail. Mettre l'ail dans une casserole avec un peu d'eau froide. Donner une ébullition, égoutter et rafraîchir sous l'eau froide. Mélanger l'ail aux poivrons. Laisser cuire 15 min puis ajouter les herbes hachées.

Saler au sel fin et poivrer. Remuer avec une cuillère en bois. Réserver au chaud.

Cuisson des sardines

Préchauffer le four à 180 °C (th. 6).

Faire chauffer une grande poêle anti-adhésive sur feu vif sans matière grasse. Y faire dorer les sardines sur chaque face. Réaliser cette opération en plusieurs fois pour obtenir un meilleur résultat.

Disposer les sardines dans un plat allant au four. Saler à la fleur de sel et poivrer. Terminer la cuisson au four 3 à 4 min.

Finitions

Servir 5 sardines par personne, accompagnées de piperade et d'un demi-citron.

Sole grillée à notre façon

Temps de préparation : 25 min
120 Kcal par personne

Marché pour 4 personnes

4 soles de 400 g pièce
80 g de poireau
80 g de carotte
60 g de laitue de mer (variété d'algues)
2 citrons
Grillalgues (voir p. 143)
Sel fin
Poivre du moulin

Matériel

1 grillade ou une plaque mobile à placer sur le feu pour griller

Préparation et cuisson

Mettre la grillade en marche et la laisser chauffer au maximum. Préchauffer le four à 180 °C (th. 6). Tailler les légumes en julienne (fines allumettes), puis la laver.

Écailler la peau blanche des soles. Retirer la peau grise, couper la tête et ébarber les soles (cette opération peut être réalisée par le poissonnier).

Disposer la julienne de légumes dans un plat allant au four (assez grand pour contenir les 4 soles). Assaisonner les légumes.

Poser les soles sur la grillade sur la face côté peau. Laisser marquer 15 à 20 s. Soulever les soles avec une fourchette, donner un quart de tour et reposer pour obtenir un quadrillage. Laisser à nouveau griller 15 à 20 s puis renouveler l'opération pour l'autre face.

Poser ensuite les soles dans le plat sur les légumes, la peau au-dessus. Parfumer de Grillalgues.

Finitions

Terminer la cuisson au four, en décomptant le temps passé sur la grillade du temps total de cuisson (exemple : 10 min de cuisson au total = 1 min passée sur la grillade + 9 min au four).

Servir les soles avec les petits légumes de cuisson et un demi-citron.

Conseil

J'utilise cette méthode pour la cuisson des poissons grillés afin d'éviter l'utilisation de matière grasse et le dessèchement des poissons. Ils conservent ainsi tout leur moelleux.

Sardines de Quiberon rôties à la fleur de sel de Guérande, piperade aux herbes

Suprême de Saint-Pierre cuit à la vapeur d'algues et son sabayon au concombre

Temps de préparation : 30 min
230 Kcal par personne

Marché pour 4 personnes

4 filets de Saint-Pierre de 200 g pièce
80 g de poireau
80 g de carotte
50 g de dulse (variété d'algues)
Sel fin, poivre du moulin

Pour la sauce
2 jaunes d'œufs
80 g de fromage blanc à 0 % de matière grasse
80 g de concombre

Préparation et cuisson

Si les algues sont conservées dans du sel, les mettre à tremper 15 min dans un récipient rempli d'eau froide afin de retirer tout le sel.

Tailler le poireau et la carotte en julienne (fines allumettes), puis la précuire à la vapeur pendant 2 min. Émincer finement les algues et les mélanger à la julienne de légumes. Saler et poivrer.

Disposer sur un plat allant au four la julienne aux algues. Poser dessus les 4 filets de Saint-Pierre. Réserver le poisson au frais.

Préchauffer le four à 180 °C (th. 6). Monter un sabayon (voir p. 139). Incorporer ensuite le fromage blanc, toujours au bain-marie.

Éplucher et râper finement le concombre, puis le faire blanchir 2 min à la vapeur. Ajouter la julienne de concombre dans le sabayon, saler et poivrer.

Assaisonner le Saint-Pierre et le faire cuire au four pendant 7 à 8 min.

Finitions

Disposer dans l'assiette 1 suprême de Saint-Pierre sur sa julienne de légumes et napper de sabayon au concombre.

Servir aussitôt.

Suprême de Saint-Pierre cuit à la vapeur d'algues et son sabayon au concombre

Suprême de pigeon rôti sur son confit
de chou vert et son coulis de fraise au raisin

Les viandes

Je pense qu'il est extrêmement important de connaître l'origine des viandes et de la volaille. Soyez exigeants sur la qualité. Votre fournisseur habituel doit pouvoir répondre à toutes vos questions sur la provenance de ses produits. Chacun peut ainsi faire évoluer les choses.
Il est important de savoir ce que nous mangeons, car notre santé en dépend.

Brochette de dinde à la pomme, sauce acidulée

Temps de préparation : 60 min
425 Kcal par personne

Marché pour 4 personnes

800 g de blanc de dinde
2 pommes melrose (100 g pièce)
4 cl d'huile d'arachide
Curry en poudre
Sel fin, poivre du moulin

Pour la garniture
60 g d'oignon
80 g de carotte
60 g de pousses de soja (frais ou en conserve)
60 g de shiitakes (champignons asiatiques marron, également appelés lentins comestibles)
1 cuil. à soupe de persil haché

Pour la sauce
15 cl de vinaigre d'alcool coloré
20 cl de fond de veau du commerce (Maggi par exemple)
12 cl de jus d'orange frais
30 g de sucre en poudre
15 g de poivre mignonnette

Matériel
4 piques à brochettes

Préparation de la sauce acidulée

Verser le sucre et le poivre mignonnette dans une casserole.

Mouiller avec le vinaigre et faire cuire à feu doux jusqu'à l'obtention d'un caramel brun. Mouiller le caramel avec le jus d'orange. Faire réduire de moitié puis ajouter le fond de veau. Laisser cuire à feu doux pendant 25 min.

Passer la sauce au chinois étamine et rectifier l'assaisonnement. Réserver au chaud.

Préparation de la garniture

Émincer très finement l'oignon. Tailler la carotte en fines allumettes de 4 cm de longueur. Émincer finement les shiitakes.

Faire blondir l'oignon dans une casserole, sans matière grasse, à feu doux. Faire cuire les allumettes de carotte 3 min à la vapeur, les ajouter à l'oignon. Cuire les shiitakes 2 min à la vapeur et mélanger aux autres légumes. Si vous utilisez des pousses de soja fraîches, les faire cuire 2 min à la vapeur. Les faire colorer dans une poêle antiadhésive sans matière grasse. Les mélanger au reste des légumes.

Ajouter le persil haché. Saler et poivrer. Réserver au chaud.

Préparation des brochettes

Préchauffer le four à 180 °C (th. 6). Couper le blanc de dinde en 16 cubes de 50 g. Faire chauffer une poêle avec l'huile. Quand elle commence à fumer, y verser les cubes de dinde pour leur donner une coloration sur toutes les faces. Tamponner la viande avec un papier absorbant pour éliminer l'excédent de matière grasse.

Couper les pommes verticalement par la moitié. Retirer les pépins. Couper chaque moitié en 3 tranches de taille identique. Enfiler sur chaque pique 4 morceaux de dinde, en intercalant avec un morceau de pomme.

Mettre les brochettes dans un plat allant au four. Saler, poivrer et parfumer de curry. Faire cuire 8 min au four.

Finitions

Répartir la garniture de légumes sur les assiettes, puis déposer 1 brochette et napper de sauce.

Cailles rôties sur leur brunoise de légumes

Temps de préparation : 1 h 20
330 Kcal par personne

Marché pour 4 personnes

8 cailles de 200 g pièce, prêtes à cuire
60 g d'oignon
80 g de carotte
60 g de navet
60 g de courgette
16 grains de raisin (noir ou blanc)
20 cl de fond de veau du commerce (Maggi par exemple)
Paprika en poudre
Sel fin
Poivre du moulin

Pour la sauce
60 g d'oignon
60 g de carotte
1 branche de céleri
1 gousse d'ail
15 cl de vin rouge
25 cl de fond de veau du commerce (Maggi par exemple)
1 bouquet garni (persil, thym, laurier)
1 clou de girofle
Poivre en grains

Préparation de la sauce

Couper les ailerons et les cous des cailles. Les faire colorer dans une casserole, sans matière grasse, à feu vif.

Pendant ce temps, émincer l'oignon et la carotte. Puis les ajouter dans la casserole. Laisser suer pendant 7 à 8 min en remuant avec une spatule. Mouiller ensuite avec le vin rouge.

Faire réduire de moitié, puis ajouter le fond de veau, le bouquet garni, la branche de céleri, la gousse d'ail écrasée, 1 clou de girofle et quelques grains de poivre. Saler légèrement. Faire cuire à feu doux pendant 45 min, en écumant de temps en temps.

Passer la sauce au chinois étamine et réserver au chaud.

Cuisson des cailles

Faire chauffer le four à 180 °C (th. 6). Pendant la cuisson de la sauce, tailler tous les légumes en petits cubes (brunoise) de 0,5 cm de côté, sans les mélanger.

Dans une casserole, sans matière grasse, faire suer, à feu vif, les cubes d'oignon et de carotte pendant 7 à 8 min. Ajouter ensuite les cubes de courgette et de navet, mouiller avec le fond de veau. Saler et poivrer. Laisser cuire 10 min.

Verser ensuite ce mélange dans un plat allant au four et pouvant contenir les 8 cailles. Faire chauffer une poêle antiadhésive et y faire colorer les cailles, sur tous les côtés, sans matière grasse.

Disposer ensuite les cailles dans le plat, sur les légumes. Saler, poivrer et parfumer de quelques pincées de paprika.

Faire cuire au four pendant 25 min. Ajouter les grains de raisin 3 min avant la fin de la cuisson.

Finitions

Servir les cailles sur leur garniture de légumes. Napper de sauce et disposer les grains de raisin autour.

Civet à la mode diététique

Temps de préparation : 1 h 15
395 Kcal par personne

Marché pour 4 personnes

2 cuisses de lapin de 150 g pièce
2 morceaux de râble de lapin de 150 g pièce
100 g d'oignons
100 g de carotte
80 g de champignons de Paris
1 branche de céleri
1 gousse d'ail
4 brins de cerfeuil frais
20 cl de vin rouge
40 cl de fond de veau du commerce (Maggi par exemple)
4 cl d'huile d'olive
1 bouquet garni (persil, thym, laurier)
1 clou de girofle
Gros sel, sel fin
Poivre du moulin

Pour la garniture
150 g de céleri-rave
150 g de carotte (soit une grosse carotte)
150 g de courgette (soit une grosse courgette)
Curry en poudre

Matériel
1 cuillère parisienne

Préparation et cuisson du lapin

Couper les cuisses et les râbles de lapin en 2 morceaux égaux en poids. Verser les 4 cl d'huile d'olive dans un faitout. Y faire colorer les morceaux de lapin, à feu vif, sur tous les côtés.

Pendant ce temps, tailler les oignons et la carotte en cubes de 1,5 cm de côté. Couper les champignons en quatre.

Retirer les morceaux de lapin du faitout. Tamponner le fond avec un papier absorbant pour éliminer l'excédent de matière grasse. Y faire suer les oignons et la carotte pendant 6 min.

Ajouter les morceaux de lapin, les champignons, la branche de céleri, la gousse d'ail écrasée (sans le germe) et le bouquet garni. Mouiller avec le vin rouge. Laisser cuire 10 min, cuisson frémissante.

Ajouter le fond de veau, le clou de girofle et saler légèrement. Laisser cuire 40 min en écumant de temps à autre.

Préparation de la garniture

Faire des noisettes dans le céleri-rave, la carotte et la courgette avec la cuillère parisienne. Cuire séparément à la vapeur les noisettes de carotte (6 min), de céleri (5 min) et de courgette (2 min).

Rassembler les noisettes de légumes dans une casserole. Saler et parfumer de quelques pincées de curry. Réserver au chaud.

Au terme de la cuisson, égoutter les morceaux de lapin et les réserver au chaud, sur le coin du feu. Mixer dans le faitout les légumes et le jus de cuisson.

Passer au chinois puis au chinois étamine en pressant avec une petite louche, pour obtenir une sauce onctueuse. Goûter et rectifier l'assaisonnement si nécessaire.

Finitions

Poser 1 morceau de râble et 1 morceau de cuisse de lapin au centre de chaque assiette. Napper de sauce.

Parsemer de noisettes de légumes et décorer d'une belle pluche de cerfeuil.

Pavé de veau poêlé sur sa garniture d'artichaut, sauce au roquefort

Demi-coquelet grillé aux aromates, fondue de poivron et de tomates à l'ail

Temps de préparation : 50 min
240 Kcal par personne

Marché pour 4 personnes

2 coquelets (faire détacher les blancs et les cuisses de la carcasse par le volailler en les laissant rattachés l'un à l'autre)
Grillalgues (voir p. 143)

Pour la fondue de poivron et de tomates
120 g de poivron vert
4 tomates moyennes
4 gousses d'ail
1 cuil. à soupe d'estragon frais haché
1 cuil. à soupe de concentré de tomate
Sel fin
Poivre du moulin

PRÉPARATION ET CUISSON

Faire chauffer le gril, puissance maximale. Préchauffer le four à 180 °C (th. 6).

Faire bouillir de l'eau dans une casserole. Retirer le pédoncule des tomates. Les plonger 30 s dans l'eau bouillante, rafraîchir sous l'eau froide et retirer la peau. Couper les tomates par la moitié et retirer les pépins avec une petite cuillère. Les concasser sur une planche à découper et réserver.

Émincer finement le poivron. Le faire suer 7 à 8 min dans une casserole, sans matière grasse et à feu moyen, tout en remuant avec une spatule. Ajouter les tomates concassées et le concentré. Bien mélanger.

Couper les gousses d'ail dans le sens de la longueur, retirer les germes et les émincer finement. Ajouter l'ail et l'estragon haché dans la casserole, saler et poivrer. Laisser cuire 30 min à feu doux et à découvert. Rectifier l'assaisonnement.

Disposer les demi-coquelets sur le gril, côté peau. Laisser marquer 15 s. Les soulever du gril et leur donner un quart de tour. Laisser à nouveau marquer 15 s pour obtenir un quadrillage. Retourner les coquelets et renouveler l'opération.

FINITIONS

Mettre les demi-coquelets dans un plat allant au four. Assaisonner de Grillagues. Terminer la cuisson au four pendant 20 min. Servir un demi-coquelet par personne, accompagné de la fondue de poivron et de tomates.

Magret de canard grillé, sauce acidulée, compote de pommes et de poires à la cannelle

Temps de préparation : 60 min
346 Kcal par personne

Marché pour 4 personnes

2 magrets de canard de 320 g pièce
150 g de pomme melrose
150 g de poire conférence
1 citron (jus)
Cannelle en poudre
Fleur de sel
Sel fin, poivre du moulin

Pour la sauce
25 cl de fond de veau du commerce
(Maggi par exemple)
12 cl de vinaigre d'alcool coloré
8 cl de jus d'orange frais
8 cl de jus de pamplemousse
4 cl de jus de citron
30 g de sucre en poudre
2 rouleaux d'écorce de cannelle
5 g de poivre mignonnette

PRÉPARATION DE LA SAUCE ACIDULÉE

Verser les jus d'agrumes dans une casserole et faire réduire de moitié, à feu doux. Mettre le sucre en poudre dans une autre casserole. Mouiller avec le vinaigre. Ajouter le poivre mignonnette et laisser cuire doucement jusqu'à l'obtention d'un caramel blond. Verser la réduction de jus d'agrumes. Mélanger au fouet puis ajouter le fond de veau.

Laisser cuire à feu doux et à découvert pendant 25 min, puis passer au chinois étamine. Saler et poivrer.

PRÉPARATION DE LA COMPOTE

Éplucher la pomme et la poire. Les couper verticalement et retirer les pépins. Les émincer finement et les mettre dans une casserole.

Ajouter le jus de citron et saupoudrer de quelques pincées de cannelle. Mouiller avec 10 cl d'eau et bien mélanger. Faire cuire à feu doux, à couvert, jusqu'à ce que les fruits soient fondants. Découvrir la casserole et laisser cuire encore 10 min en remuant. Réserver au chaud.

CUISSON DES MAGRETS DE CANARD

Préchauffer le four à 200 °C (th. 6-7).

Retirer délicatement la peau et la graisse des magrets. Les saisir dans une poêle antiadhésive sans matière grasse, jusqu'à coloration de chaque côté.

Poser les magrets dans un plat allant au four. Saler à la fleur de sel. Terminer la cuisson au four pendant 8 à 10 min, selon la cuisson désirée.

FINITIONS

Émincer les magrets en tranches fines (1 demi-magret par personne).

Répartir de la compote au centre de l'assiette. Disposer les tranches de magret autour.

Napper de sauce et craquer au-dessus les rouleaux de cannelle.

Quartier de pintade rôti, noisettes de carotte et de navets glacés, sauce au miel d'oranger

Temps de préparation : 1 h 20
320 Kcal par personne

Marché pour 4 personnes

1 pintade d'1,2 kg prête à cuire
60 g d'oignon
60 g de carotte
100 g de champignons de Paris
60 g de poivron rouge
10 cl de vin blanc sec
Sel fin, poivre du moulin

Pour la sauce
50 g d'oignon
50 g de carotte
1 branche de céleri
15 cl de vin blanc sec
20 cl de fond de veau du commerce
(Maggi par exemple)

50 g de miel d'oranger
Farine de guar (voir p. 143)
1 bouquet garni (persil, thym, laurier)
1 clou de girofle
Poivre en grains

Pour les noisettes de carotte et de navets
1 grosse carotte dans laquelle on peut faire 12 noisettes
12 gros navets dans lesquels on peut faire 12 noisettes
40 g de persil haché
10 cl de fond de veau du commerce (Maggi par exemple)

Matériel
1 cuillère parisienne

Préparation de la sauce

Détacher les cuisses et les blancs de la carcasse et retirer la peau. Les réserver au réfrigérateur. Couper la carcasse en morceaux. Préchauffer le four à 200 °C (th. 6-7). Mettre les morceaux de carcasse dans un plat allant au four et les faire rôtir au four pendant 15 min.

Émincer grossièrement l'oignon et la carotte. Les faire suer dans une casserole, sans matière grasse, à feu vif, 5 à 6 min. Ajouter les morceaux de carcasse rôtie. Mélanger et mouiller avec le vin blanc.

Ajouter la branche de céleri et le bouquet garni. Laisser réduire de moitié. Ajouter ensuite le fond de veau, 1 clou de girofle, quelques grains de poivre et saler légèrement. Laisser cuire 30 min, cuisson frémissante.

Passer la sauce au chinois étamine. Incorporer le miel avec un fouet. Si la sauce n'est pas assez nappante, lier avec quelques pincées de farine de guar. Rectifier l'assaisonnement si nécessaire et réserver au chaud.

Cuisson des quartiers de pintade

Émincer finement l'oignon, la carotte, le poivron et les champignons. Faire suer les oignons et le poivron dans une casserole, sans matière grasse, à feu vif, pendant 5 à 6 min, en remuant avec une spatule, puis ajouter les champignons.

Faire cuire la carotte émincée 3 min à la vapeur, puis l'ajouter aux autres légumes dans la casserole. Mouiller avec le vin blanc et laisser cuire pendant 5 min, cuisson frémissante. Saler et poivrer. Répartir le mélange de légumes dans un plat allant au four.

Faire chauffer une poêle antiadhésive sur feu vif. Saisir les quartiers de pintade dans la poêle jusqu'à coloration, de chaque côté. Les poser dans le plat, sur les légumes. Assaisonner et faire cuire au four à 180 °C (th. 6) pendant 25 min.

Préparation des noisettes

Découper des noisettes dans la carotte et les navets avec la cuillère parisienne. Les faire cuire à la vapeur pendant 7 min.

Pendant ce temps, verser le fond de veau dans une casserole et faire réduire de moitié. Ajouter les noisettes de légumes.

Mélanger, saler et poivrer. Parsemer de persil haché et réserver au chaud.

Finitions

Disposer 1 quartier de pintade (une cuisse ou du blanc selon les goûts) sur chaque assiette avec sa garniture.

Napper de sauce et disposer les noisettes de légumes autour.

Pages suivantes : petite maison de pêcheur à la pointe de Goulvars

Suprême et cuisse de poulet braisés à la moutarde aux algues, sauce au curry

Temps de préparation : 1 h 20
240 Kcal par personne

Marché pour 4 personnes

1 poulet d'1,2 kg
50 g d'oignon, 1 gousse d'ail
50 g de poivron rouge
100 g de tomate
80 g de carotte, 80 g de courgette
30 g d'estragon frais haché
80 g de moutarde aux algues (voir p. 143)
Sel fin, poivre du moulin

Pour la sauce
60 g d'oignon, 60 g de carotte
1 branche de céleri, 1 gousse d'ail
1 bouquet garni (persil, thym, laurier)
15 cl de vin blanc sec
25 cl de fond de veau du commerce (Maggi par exemple)
Farine de guar (voir p. 143)
Curry en poudre

Préparation de la sauce

Faire chauffer le four à 180 °C (th. 6). Détacher les cuisses et les blancs (suprêmes) de poulet, et les réserver au réfrigérateur. Couper la carcasse du poulet en morceaux puis les mettre dans un plat. Les faire rôtir au four pendant 15 min.

Pendant ce temps, tailler grossièrement la carotte et l'oignon. Les faire suer dans une casserole, sans matière grasse, pendant 5 à 6 min à feu moyen. Ajouter les morceaux de carcasse rôtis. Mouiller avec le vin blanc, porter à ébullition et laisser réduire de moitié.

Ajouter le fond de veau, la branche de céleri, le bouquet garni et la gousse d'ail écrasée. Saler légèrement. Laisser cuire 30 min à feu doux et à découvert.

À la fin de la cuisson, passer la sauce au chinois étamine. Lier avec quelques pincées de farine de guar, si nécessaire. Rectifier l'assaisonnement et parfumer avec quelques pincées de curry. Réserver au chaud.

Cuisson du poulet

Plonger la tomate dans de l'eau bouillante 30 s environ. La rafraîchir. Retirer la peau et les pépins avec une petite cuillère, puis la concasser.

Émincer finement l'oignon, le poivron, la carotte et la courgette. Hacher finement l'ail, en éliminant le germe.

Faire suer la carotte, l'oignon et le poivron dans une casserole, sans matière grasse, à feu moyen, tout en remuant avec une spatule. Ajouter ensuite la tomate concassée, la courgette et l'ail. Saler et poivrer. Laisser cuire à feu doux 15 min. Incorporer l'estragon haché. Verser les dans un plat allant au four.

Faire chauffer une poêle antiadhésive sur feu vif. Retirer la peau des quartiers de poulet et les saisir dans la poêle chaude jusqu'à coloration, sur chaque côté.

Disposer les quartiers de poulet dans le plat sur les légumes. Saler et poivrer puis les recouvrir d'une couche de moutarde aux algues. Faire cuire 25 min au four.

Finitions

Servir le poulet sur sa garniture de légumes. Napper de sauce au curry.

Suprême de pigeon rôti sur son confit de chou vert et son coulis de fraise au raisin

Temps de préparation : 60 min
245 Kcal par personne

Marché pour 4 personnes

4 pigeons de 300 g pièce
(les faire découper en suprême par le volailler et conserver les carcasses)
80 g d'oignons
400 g de chou vert
60 g de carotte
Farine de guar (voir p. 143)
Paprika en poudre
Sel fin, poivre du moulin

Pour la sauce
60 g d'oignon
60 g de carotte
1 branche de céleri, 1 gousse d'ail
1 cuil. à soupe d'estragon frais haché
20 cl de vin rouge
25 cl de fond de veau du commerce
(Maggi par exemple)
1 bouquet garni (persil, thym, laurier)
1 clou de girofle
Baies de genièvre
Poivre en grains

Pour le coulis de fraise au raisin
100 g de fraises
100 g de grains de raisin noir

Préparation de la sauce

Préchauffer le four à 200 °C (th. 6-7).

Concasser les carcasses. Tailler grossièrement la carotte et l'oignon. Les faire suer dans une casserole à feu moyen, sans matière grasse.

Faire rôtir les carcasses concassées dans le four puis les ajouter dans la casserole. Mouiller avec le vin rouge.

Ajouter la branche de céleri, la gousse d'ail, le bouquet garni, le clou de girofle, quelques grains de poivre et de baies de genièvre. Laisser réduire de moitié. Ajouter ensuite le fond de veau. Laisser réduire à nouveau de moitié.

Passer au chinois étamine. Saler et poivrer. Lier la sauce avec quelques pincées de farine de guar si nécessaire. Ajouter l'estragon haché. Réserver au chaud.

Préparation des pigeons

Émincer finement les oignons et la carotte et les mettre à suer dans une casserole à feu moyen, sans matière grasse, pendant 5 à 6 min. Émincer finement le chou vert puis le faire cuire à la vapeur pendant 8 min. Mélanger ensuite le chou aux oignons et à la carotte. Saler et poivrer.

Répartir la garniture de chou dans un plat allant au four et pouvant contenir les 8 suprêmes de pigeons. Faire chauffer sur feu vif une poêle antiadhésive, sans matière grasse. Y saisir jusqu'à coloration les suprêmes de pigeon, sur chaque face. Les tamponner avec un papier absorbant pour éliminer l'excédent de graisse.

Disposer les suprêmes dans le plat, peau au-dessus. Saler et poivrer. Parfumer de quelques pincées de paprika. Faire cuire 8 à 10 min au four à 200 °C (th. 6-7).

Préparation du coulis

Laver et équeuter les fraises. Les mettre avec le raisin dans une casserole. Verser dessus 10 cl d'eau.

Laisser cuire 20 min à feu doux et à découvert. Mixer et passer au chinois étamine. Lier avec quelques pincées de farine de guar si nécessaire.

Finitions

Disposer dans chaque assiette 2 suprêmes de pigeon sur le confit de chou vert. Verser un liseré de coulis de fruit autour et napper de sauce.

Carré d'agneau pané aux épices et son jus à la sarriette, crème d'ail et tomates cerises

Temps de préparation : 1 h 15
360 Kcal par personne

Marché pour 4 personnes

1 carré d'agneau de 1 kg à 1,2 kg (8 côtes) (faire préparer le carré par le boucher, conserver les os et les parures de viande maigre)
16 tomates cerises
4 cl d'huile d'olive
50 g de curry en poudre
50 g de paprika en poudre
Fleur de sel de Guérande
Sel fin, poivre du moulin

Pour le jus d'agneau
50 cl de fond de veau du commerce (Maggi par exemple)
50 g d'oignon
50 g de carotte
1 gousse d'ail
1 branche de céleri
1 bouquet de sarriette ficelée (sauce et décor)
1 bouquet garni (persil, thym, laurier)
1 clou de girofle
Poivre en grains

Pour la crème d'ail
100 g de gousses d'ail
10 cl de lait écrémé
Farine de guar (voir p. 143)

Préparation du jus d'agneau

Préchauffer le four à 200 °C (th. 6-7). Faire rôtir les os et les parures de viande dans un plat, au four, jusqu'à coloration.

Couper grossièrement l'oignon et la carotte puis les faire suer dans une casserole, à feu moyen, sans matière grasse, pendant 10 min, en remuant avec une cuillère en bois.

Égoutter les os et les parures de viande de leur graisse puis les ajouter aux légumes dans la casserole.

Mouiller avec le fond de veau. Ajouter ensuite la gousse d'ail écrasée sans le germe, le bouquet garni, la branche de céleri, le clou de girofle, quelques grains de poivre et les 3/4 du bouquet de sarriette. Saler légèrement.

Porter à ébullition, écumer, puis laisser cuire, cuisson frémissante, pendant environ 45 min.

Au terme de la cuisson, passer au chinois étamine et réserver au chaud.

Préparation de la crème d'ail

Retirer le germe des gousses d'ail, puis les faire cuire à la vapeur, jusqu'à ce que l'on puisse facilement les réduire en purée.

Pendant ce temps, faire chauffer le lait écrémé. Verser l'ail dans un saladier. Ajouter 5 cl de lait chaud et mixer.

Passer le coulis obtenu au chinois étamine en pressant avec une petite louche. Mélanger la crème avec un fouet, tout en ajoutant le reste du lait, pour que la sauce devienne nappante.

Saler et poivrer et, si nécessaire, lier avec quelques pincées de farine de guar. Réserver au chaud.

Filet mignon de porc braisé sur son confit d'oignons au vin rouge, sauce à l'ananas

PRÉPARATION DU CARRÉ D'AGNEAU

Verser dans un plat le curry et le paprika. Mélanger. Poser le carré d'agneau dans ce mélange pour le paner. Tapoter pour éliminer l'excédent d'épices.

Faire chauffer une poêle avec l'huile d'olive. Quand l'huile commence à fumer, y déposer le carré d'agneau pour le faire colorer, sur chaque face. Mettre la viande dans un plat allant au four. La saler avec la fleur de sel. Faire cuire 20 min au four.

Laver les tomates cerises, saler et poivrer et les mettre à cuire au four 4 min avant la fin de la cuisson de la viande.

FINITIONS

Découper le carré d'agneau en 8 côtes. Faire une couronne de crème d'ail sur chaque assiette. Poser au centre 2 côtes d'agneau croisées. Arroser de jus.

Disposer 4 tomates cerises autour et décorer de quelques brins de sarriette.

Filet de bœuf rôti au poivre, sauce bourguignonne, échalote confite dans sa pelure

Temps de préparation : 1 h 40
340 Kcal par personne

Marché pour 4 personnes

560 g de filet de bœuf en rôti dégraissé
4 échalotes de 30 g pièce
Persil frisé pour la décoration
Curry en poudre
Paprika en poudre
Fleur de sel
Poivre mignonnette
Sel fin, poivre du moulin

Pour la sauce bourguignonne
200 g de maigre de bœuf (tranche, paleron...)
40 cl de fond de veau du commerce (Maggi par exemple)
15 cl de vin rouge
4 cl d'huile d'arachide
60 g d'oignon, 1 gousse d'ail
60 g de carotte
1 branche de céleri
1 bouquet garni (persil, thym, laurier)
1 clou de girofle
Farine de guar (voir p. 143)

PRÉPARATION DE LA SAUCE BOURGUIGNONNE

Couper le maigre de bœuf en morceaux. Les saisir dans une casserole avec l'huile d'arachide, à feu vif, jusqu'à coloration. Les égoutter dans une passoire. Passer un papier absorbant au fond de la casserole pour enlever l'excédent d'huile.

Tailler l'oignon et la carotte grossièrement, puis les faire suer 5 à 6 min dans la casserole, à feu moyen, tout en remuant avec une cuillère en bois. Ajouter ensuite la viande, la gousse d'ail écrasée sans le germe, la branche de céleri, le clou de girofle et le bouquet garni. Mouiller avec le vin rouge.

Laisser cuire 10 min puis ajouter le fond de veau. Saler et poivrer légèrement. Faire mijoter environ 50 min, cuisson frémissante.

Passer la sauce au chinois puis au chinois étamine en pressant avec une petite louche. Goûter et rectifier l'assaisonnement si nécessaire. Si la sauce n'est pas suffisamment nappante, la lier avec 1 pincée de farine de guar. Réserver au chaud.

Cuisson du filet de bœuf

Faire chauffer le four à 200 °C (th. 6-7). Parsemer le rôti de poivre mignonnette. Le mettre rôti dans une poêle antiadhésive chaude sans matière grasse pour le saisir, à feu vif, jusqu'à coloration sur tous les côtés. Cette opération permet de resserrer les pores de la viande.

Poser ensuite le rôti dans un plat allant au four. Mélanger 1 cuil. à soupe de fleur de sel avec un peu de curry et de paprika. Assaisonner la viande de ce mélange, puis la mettre à cuire au four pendant 20 min, voire 5 min de plus pour une cuisson à point.

Préparation des échalotes

Frotter les échalotes pour les débarrasser de leur peau morte, sans les éplucher.

Faire chauffer une poêle antiadhésive et passer les échalotes dans la poêle pour leur donner une coloration.

Verser les échalotes dans un petit plat allant au four. Saler et parfumer avec un peu de curry et de paprika, selon votre goût.

Faire cuire au four 10 min. S'assurer de leur cuisson en les piquant avec une fine lame de couteau.

Finitions

Couper la viande en tranches. Disposer 2 tranches sur chaque assiette. Verser la sauce autour.

Accompagner d'une échalote confite et d'1 petit bouquet de persil.

Filet mignon de porc braisé sur son confit d'oignons au vin rouge, sauce à l'ananas

Temps de préparation : 1 h 20
285 Kcal par personne

Marché pour 4 personnes

1 filet mignon de porc de 600 g
1 bouquet de cerfeuil pour la décoration
Fleur de sel de Guérande
Sel fin, poivre du moulin

Pour le confit d'oignons
160 g d'oignons, 15 cl de vin rouge

Pour la sauce à l'ananas
150 g de viande de porc maigre
40 cl de fond de veau du commerce (Maggi par exemple)
10 cl de vin blanc sec
120 g d'ananas frais
50 g d'oignon, 50 g de carotte
1 branche de céleri, 1 gousse d'ail
1 bouquet garni (thym, laurier, persil)
1 clou de girofle, poivre en grains

Matériel
1 cercle à entremets de 8 cm de diamètre et de 4 cm de haut

Préparation de la sauce

Couper les 150 g de viande de porc maigre en petits morceaux. Les faire caraméliser dans une grande casserole, sans matière grasse et à feu moyen. Remuer avec une cuillère en bois.

Couper grossièrement l'oignon et la carotte, puis les ajouter à la viande. Laisser suer 5 à 6 min à feu moyen. Mouiller ensuite avec le vin blanc, bien remuer.

Ajouter la gousse d'ail écrasée, la branche de céleri, le bouquet garni, le clou

Pages suivantes : port Maria, le port de Quiberon

LORIOT
AURAY

Tristan Mickael
Auray

de girofle et quelques grains de poivre. Faire réduire de moitié. Ajouter le fond de veau. Saler légèrement et laisser cuire, cuisson frémissante, pendant 40 min. Écumer de temps en temps.

Tailler les 120 g d'ananas en petits cubes d'environ 1 cm de côté. Les verser dans une poêle antiadhésive pour les faire caraméliser dans leur jus. Laisser cuire 5 min environ, en remuant avec une cuillère en bois pour éviter qu'ils brûlent.

Au terme de la cuisson de la sauce, passer au chinois puis au chinois étamine en pressant avec une petite louche. Ajouter l'ananas caramélisé à la sauce. Rectifier l'assaisonnement si nécessaire et réserver au chaud.

PRÉPARATION DU CONFIT D'OIGNONS

Émincer finement les oignons. Les faire suer 5 à 6 min dans une casserole, à feu moyen sans matière grasse, tout en remuant avec une cuillère en bois.

Mouiller avec le vin rouge. Saler et poivrer. Laisser cuire à feu doux jusqu'à ce que le vin soit évaporé.

CUISSON DU FILET DE PORC

Préchauffer le four à 180 °C (th. 6). Mettre le filet de porc dans une poêle antiadhésive chaude pour le faire colorer sur tous les côtés, puis le poser dans un plat allant au four. Saler à la fleur de sel et poivrer. Cuire au four pendant 20 à 25 min.

FINITIONS

Poser un cercle à entremets sur chaque assiette. Verser 1/4 du confit d'oignons dans chaque cercle. Tasser avec une petite cuillère puis démouler.

Couper le filet de porc en biseau, faire 12 tranches. Disposer 3 tranches sur chaque assiette, en arc de cercle. Napper de sauce à l'ananas. Décorer de quelques pluches de cerfeuil.

Tranche de foie de veau poêlée sur sa garniture aux shiitakes

Temps de préparation : 20 min
207 Kcal par personne

Marché pour 4 personnes

4 tranches de foie de veau de 120 g pièce
100 g d'échalotes
150 g de shiitakes (champignons asiatiques marron, également appelés lentins comestibles)
30 g d'ail, 50 g de persil haché
Curry en poudre
Sel fin, poivre du moulin

PRÉPARATION

Préchauffer le four à 180 °C (th. 6).

Émincer finement les échalotes et les shiitakes. Hacher l'ail et le persil. Verser les échalotes dans une casserole, sans matière grasse, pour les faire blondir à feu vif. Ajouter les champignons et l'ail haché. Mélanger et laisser cuire 10 min à feu doux. Ajouter le persil haché. Saler et poivrer et réserver au chaud.

Faire chauffer une poêle antiadhésive. Y saisir les tranches de foie de veau sans matière grasse, jusqu'à l'obtention d'une petite coloration.

Déposer les tranches de foie dans un plat allant au four, puis saler et poivrer.

Parfumer de quelques pincées de curry et terminer la cuisson au four pendant 3 à 5 min, selon la cuisson désirée.

FINITIONS

Disposer 1 tranche de foie de veau dans chaque assiette, sur sa garniture de shiitakes.

Pavé de veau poêlé sur sa garniture d'artichaut, sauce au roquefort

Temps de préparation : 45 min
304 Kcal par personne

Marché pour 4 personnes

4 pavés de veau de 120 g pièce, sans gras (tranchés dans la longe)
80 g d'oignons
60 g de champignons de Paris
2 gros artichauts
1 citron (jus)
Gros sel, sel fin, poivre du moulin

Pour la sauce
20 cl de fond de veau du commerce (Maggi par exemple)
60 g de roquefort

Pour la décoration
12 tomates cerises
4 pluches de cerfeuil

PRÉPARATION DE LA GARNITURE

Retirer la tige des artichauts puis éliminer les feuilles en faisant le tour avec un couteau bien aiguisé, jusqu'à ce que l'on aperçoive le fond. Couper les feuilles horizontalement au niveau du foin.

Mettre les fonds d'artichauts dans une casserole. Mouiller avec de l'eau froide. Ajouter le jus de citron. Saler au gros sel et faire cuire 20 à 25 min à découvert.

Vérifier la cuisson des fonds en les piquant avec une fine lame de couteau, puis les égoutter, retirer le foin et les émincer en fines lamelles. Réserver.

Émincer finement les oignons et les champignons. Faire suer les oignons 6 min dans une casserole, sans matière grasse, sur feu moyen, tout en remuant. Ajouter les champignons. Laisser cuire 5 min à feu doux puis verser les lamelles d'artichauts dans la casserole. Mélanger le tout. Saler et poivrer et réserver au chaud.

PRÉPARATION DE LA SAUCE

Faire chauffer le fond de veau, puis y incorporer le roquefort avec un mixeur. Saler et poivrer. Réserver au chaud.

CUISSON DES PAVÉS DE VEAU

Préchauffer le four à 180 °C (th. 6).

Faire chauffer une poêle antiadhésive sur feu vif sans matière grasse et y saisir les pavés de veau jusqu'à coloration, sur chaque face.

Disposer la viande dans un plat allant au four. Assaisonner et mettre au four. Après 2 min de cuisson, ajouter les tomates cerises, puis terminer la cuisson du tout pendant 3 min.

FINITIONS

Répartir la garniture d'artichaut au centre des assiettes. Poser dessus 1 pavé de veau. Napper de sauce au roquefort. Décorer de 3 tomates cerises et d'une pluche de cerfeuil.

Légumes au curry

Les légumes

Fibres, vitamines… l'intérêt des légumes dans notre alimentation n'est plus à démontrer. Vous les retrouverez dans chaque recette.
Soyez sélectifs et privilégiez les petits artisans producteurs qui viennent vendre leurs produits sur les marchés.
C'est tellement plus convivial… et plus savoureux !

Bouquetière de légumes

Temps de préparation : 40 min
57 Kcal par personne

Marché pour 4 personnes

200 g de carottes
200 g de haricots verts
160 g de champignons de Paris
120 g de navets
120 g de céleri-branche
30 g de persil frais haché
Sel fin, poivre du moulin

Préparation et cuisson

Tailler les carottes, les navets et le céleri-branche en bûchettes de 5 cm de long et de 0,5 cm de côté. Réserver séparément. Équeuter et couper les haricots verts en bâtonnets de 5 cm de long. Couper les champignons en quatre. Ne pas les mélanger.

Bien laver les légumes à grande eau. Les cuire à la vapeur, séparément : carottes 8 à 10 min, navets 6 à 8 min, céleri-branche 5 à 6 min, haricots verts 5 min et champignons 3 min.

Rafraîchir les légumes sous l'eau froide puis les mélanger délicatement dans le panier du faitout vapeur. Réchauffer 3 à 4 min à la vapeur. Saler et poivrer.

Finitions

Répartir les légumes sur les assiettes et parsemer de persil haché.

Conseil

Cette bouquetière de légumes peut être servie en accompagnement d'une viande ou d'un poisson.

Courgette ronde farcie

Temps de préparation : 30 min
35 Kcal par personne

Marché pour 4 personnes

4 courgettes rondes de 8 cm de diamètre
50 g de poivron rouge
50 g de fenouil
150 g de tomates
50 g de shiitakes
4 feuilles de basilic
20 g d'ail haché
Sel fin, poivre du moulin

Préparation et cuisson

Faire chauffer de l'eau, retirer le pédoncule des tomates, les ébouillanter 10 s, puis les rafraîchir sous l'eau froide. Retirer la peau et les pépins, les concasser sur une planche à l'aide d'un couteau. Laver le poivron et le tailler en cubes d'1 cm de côté.

Faire chauffer une casserole sans matière grasse à feu moyen, y faire suer les cubes de poivron 5 min sans les faire brûler, en remuant avec une cuillère en bois. Ajouter les tomates et laisser cuire à feu doux. Émincer le fenouil finement, l'ajouter dans la casserole et bien remuer.

Couper une calotte suffisamment grande dans chaque courgette et les évider de leur chair. Couper la chair en petits cubes, puis l'ajouter au reste du mélange dans la casserole.

Laver et émincer finement les shiitakes, les adjoindre au mélange avec l'ail et le basilic haché. Saler et poivrer, bien mélanger et laisser cuire doucement jusqu'à ce que la farce devienne fondante.

Faire précuire les courgettes évidées et leurs calots 5 min à la vapeur, puis les passer sous l'eau froide. Les poser sur un plat allant au four, les remplir de farce et poser la calotte dessus.

Finitions

Réchauffer au four à 180 °C (th. 6) durant 7 à 8 min avant de servir.

Conseil

La courgette ronde farcie peut accompagner une viande ou un poisson, ou être servie en plat principal (2 courgettes par personne).

Flan de poireau

Temps de préparation : 45 min
105 Kcal par personne

Marché pour 4 personnes

200 g de blanc de poireau
40 cl de lait écrémé
3 œufs
Noix muscade râpée
Sel fin, poivre du moulin

Matériel
4 ramequins

Préparation et cuisson

Préchauffer le four à 180 °C (th. 6).

Couper le blanc de poireau en quatre dans le sens de la longueur puis l'émincer finement. Le mettre dans une casserole et mouiller avec 2 cuil. à soupe d'eau. Faire cuire à feu doux pendant 8 à 10 min, tout en remuant avec une cuillère en bois.

Faire tiédir le lait. Casser les œufs dans un saladier et les battre avec un fouet. Verser le lait tiède en remuant, afin d'obtenir un mélange homogène. Saler, poivrer et parfumer d'un peu de muscade râpée.

Garnir les ramequins de poireau en quantités égales. Disposer les ramequins dans un plat allant au four. Les remplir à ras bord d'appareil à flan (mélange œufs-lait).

Verser de l'eau dans le plat, à mi-hauteur des ramequins, pour faire un bainmarie. Mettre à cuire 20 min au four.

Finitions

Au terme de la cuisson, piquer un flan avec la lame d'un couteau pour vérifier s'il est cuit. La lame doit ressortir bien nette.

Démouler avant de servir.

Conseil

Ce flan de poireau peut être servi en entrée ou en accompagnement d'une viande ou d'un poisson.

Fonds d'artichauts au gratin

Temps de préparation : 50 min
115 Kcal par personne

Marché pour 4 personnes

4 beaux artichauts
60 g de blanc de poireau
60 g de carotte
4 champignons de Paris
1 citron (jus)
2 jaunes d'œufs
80 g de fromage blanc à 0 % de matière grasse
60 g de Monvelay (voir p. 145)
Gros sel, sel fin
Poivre du moulin

Préparation et cuisson

Retirer la tige des artichauts puis éliminer les feuilles en faisant le tour avec un couteau bien aiguisé, jusqu'à ce que l'on aperçoive le fond. Celui-ci doit être aussi rond que possible. À 3 cm environ de la base, couper pour éliminer le reste des feuilles et récupérer les fonds.

Mettre les fonds d'artichauts dans une casserole. Mouiller avec de l'eau, 3 à 4 cm au-dessus des fonds. Saler au gros sel et ajouter le jus de citron. Faire cuire 12 min à partir de l'ébullition. Vérifier la cuisson des fonds avec une pointe de couteau.

Rafraîchir les fonds sous l'eau froide. Retirer le foin et réserver. Tailler le blanc de poireau, la carotte et les champignons en julienne (fines allumettes).

Mélanger les légumes et les faire cuire à la vapeur 3 min. Saler et poivrer.

Préchauffer le four à 180 °C (th. 6).

Garnir les fonds d'artichauts de julienne de légumes. Passer le Monvelay au cutter.

Monter un sabayon avec les 2 jaunes d'œufs (voir p. 139). Ajouter le fromage blanc, toujours au bain-marie, puis incorporer le fromage haché. Bien mélanger au fouet pour obtenir un mélange homogène. Saler et poivrer. Napper la julienne de légumes d'appareil à gratin.

Finitions

Mettre les fonds d'artichauts au four pendant 5 à 6 min, puis faire gratiner sous le gril quelques instants avant de servir.

Conseil

Ces fonds d'artichauts au gratin accompagnent aussi bien les viandes que les poissons grillés.

Légumes au curry

Temps de préparation : 45 min
35 Kcal par personne

Marché pour 4 personnes

120 g de champignons de Paris
120 g de chou-fleur
120 g de haricots verts
60 g de carotte
10 g de graines de cumin grillées
10 g de graines de moutarde
10 g de graines d'oignon
15 g de curcuma
30 g d'ail écrasé
30 g de piment rouge émincé
15 cl de yaourt nature

Préparation

Laver les champignons de Paris, le chou-fleur, les haricots verts et la carotte. Couper les haricots verts en morceaux de 2 à 3 cm de longueur, la carotte en petites bûchettes, les champignons en 4 et le chou-fleur en sommités.

Faire cuire les légumes séparément à la vapeur (cuisson al dente).

Faire chauffer une poêle antiadhésive, y faire griller les graines de cumin et d'oignon, puis ajouter le piment et l'ail. Laisser colorer.

Ajouter les légumes dans la poêle, puis le yaourt. Saler et poivrer.

Servir aussitôt.

Conseil

Ces légumes peuvent être servis en plat principal ou en accompagnement d'une viande ou d'un poisson.

Légumes au sésame sautés au wok

Temps de préparation : 30 min
170 Kcal par personne

Marché pour 4 personnes

100 g de poivron rouge, 100 g de poivron vert
200 g de champignons de Paris
200 g de carottes
100 g de pousses de soja
1 cuil. à soupe d'ail haché
1 cuil. à soupe de ciboulette hachée
5 cl de graines de sésame
Sel fin, poivre du moulin

PRÉPARATION ET CUISSON

Laver les poivrons et les couper en bûchettes d'environ 1,5 cm de large et de 4 cm de long. Laver et couper les champignons de Paris en quatre. Réserver le tout.

Éplucher les carottes, les laver et les tailler en bâtonnets de même taille que les poivrons. Verser l'huile de sésame dans le wok, puis faire chauffer sur feu vif.

Faire sauter les bûchettes de poivrons durant 5 min, puis ajouter les bâtonnets de carottes. Continuer de faire sauter pendant 10 min, puis compléter le mélange en ajoutant les champignons et les pousses de soja. Faire sauter le tout 5 min.

FINITIONS

Parsemer d'ail haché, de ciboulette. Saler et poivrer. Bien mélanger et servir.

CONSEIL

Ces légumes sautés peuvent être servis en plat principal ou en accompagnement d'une viande ou d'un poisson.

Mikado de légumes au gratin

Temps de préparation : 25 min
127 Kcal par personne

Marché pour 4 personnes

1 aubergine, 1 courgette, 8 tomates
120 g de Monvelay râpé (voir p. 145)
Sel fin, poivre du moulin

PRÉPARATION ET CUISSON

Couper 12 tranches d'aubergine, 12 tranches de courgette et 20 tranches de tomate d'1 cm d'épaisseur.

Disposer dans le panier d'un faitout vapeur les rouelles de légumes pour composer les mikados : 5 tranches de tomate, 3 tranches de courgette et 3 tranches d'aubergine par personne. Poser tout d'abord 1 tranche de courgette, la recouvrir aux trois quarts d'1 tranche de tomate. Poser de la même manière 1 tranche d'aubergine, puis 1 tranche de tomate, puis 1 tranche de courgette et ainsi de suite.

Faire cuire 5 min à la vapeur. Effectuer cette opération en 2 fois si le panier du faitout n'est pas assez grand pour contenir les 4 mikados. Faire chauffer le gril du four.

Disposer dans un plat allant au four les mikados, en parallèle. Saler, poivrer et parsemer de Monvelay râpé. Passer sous le gril du four pour faire gratiner.

CONSEIL

Ce mikado de légumes peut être servi en entrée ou en accompagnement d'une viande ou d'un poisson.

Millefeuille d'épinards aux oignons et à la tomate

Temps de préparation : 45 min
98 Kcal par personne

Marché pour 4 personnes

600 g d'épinards
350 g de tomates
150 g d'oignons
30 g d'ail haché
Basilic
50 g de concentré de tomate
Farine de guar (voir p. 143)
Curry
Sel fin
Poivre du moulin

Matériel
Faitout vapeur
4 cercles à entremets de 8 cm de diamètre et de 4 cm de hauteur

Préparation et cuisson

Équeuter les épinards, puis les laver. Faire bouillir de l'eau, retirer le pédoncule des tomates, puis les plonger 10 s dans l'eau bouillante. Les passer sous l'eau froide pour les rafraîchir. Retirer la peau et les pépins, puis les concasser sur une planche à l'aide d'un couteau. Les verser dans une casserole, ajouter l'ail, le basilic haché et le concentré de tomate. Saler et poivrer, puis faire cuire à feu doux pendant 25 à 30 min.

Pendant ce temps, hacher finement les oignons. Faire chauffer une casserole sans matière grasse sur un feu moyen, faire blondir les oignons remuant avec une cuillère en bois. Saler, poivrer et parfumer au curry selon votre goût.

Faire cuire les épinards à la vapeur 3 ou 4 min. Au terme de la cuisson, retirer les épinards du faitout vapeur, puis stopper la cuisson sous l'eau fraîche.

Poser les cercles à entremets sur un plat allant au four, mettre une première couche d'épinards sur une épaisseur d'1 cm dans chaque moule. Diviser les oignons en 4 parts égales, et les disposer dans le cercle sur les épinards. Ajouter une nouvelle couche d'épinards sur les oignons.

Lier le concentré de tomate avec 1 ou 2 pincées de farine de guar. Diviser le concentré en 4 parts égales, puis verser une portion dans chaque moule et bien étaler à l'aide d'une cuillère.

Recouvrir la tomate d'une autre couche d'épinards, bien tasser le tout. Faire réchauffer au four 7 à 8 min à 180 °C (th. 6).

Finitions

Pour servir, poser les millefeuilles d'épinards sur un plat de service ou sur des assiettes individuelles, et démouler.

Conseil

Ce millefeuille peut être servi en plat principal ou en accompagnement d'une viande ou d'un poisson.

Mousse de céleri-rave et son coulis de fruit

Temps de préparation : 1 h 15
110 Kcal par personne

Marché pour 4 personnes

1 kg de céleri-rave
1 carotte
60 g de fromage blanc à 0 % de matière grasse
2 blancs d'œufs
Noix muscade râpée
Sel fin
Poivre du moulin

Pour le coulis de fruit
60 g de pomme melrose
60 g de poire conférence
60 g de fraises
1 citron (jus)
Farine de guar (voir p. 143)

Matériel
4 ramequins

Préparation et cuisson

Éplucher le céleri-rave et le couper grossièrement. Le faire cuire à la vapeur jusqu'à ce que l'on puisse le réduire en purée. Passer le céleri au moulin à légumes avec une grille fine. Mettre la purée ainsi obtenue dans un linge puis dans une passoire. Poser un poids dessus, afin d'égoutter la purée, pendant 30 min.

Pendant ce temps, couper grossièrement la pomme et la poire. Équeuter et laver les fraises. Rassembler les fruits dans une casserole. Ajouter 10 cl d'eau et le jus de citron. Faire cuire 30 min à couvert à feu doux, en remuant de temps à autre. Au terme de la cuisson, mixer et passer au chinois. Lier avec 2 ou 3 pincées de farine de guar. Réserver au chaud.

Mettre la purée égouttée dans un saladier. Incorporer le fromage blanc puis les blancs d'œufs au fouet. Le mélange doit être bien homogène. Saler, poivrer et parfumer de noix muscade.

Préchauffer le four à 180 °C (th. 6).

Canneler la carotte puis couper 4 rouelles de 0,2 cm d'épaisseur. Les faire cuire à la vapeur pendant 5 min.

Disposer 1 rouelle de carotte au centre de chaque ramequin et remplir de mousse de céleri à ras bord. Bien tasser en tapotant chaque ramequin sur le plan de travail.

Disposer les ramequins dans un plat allant au four et faire cuire pendant 10 min.

Finitions

Glisser une fine lame de couteau tout autour de la mousse de céleri et démouler dans une assiette. Verser le coulis autour.

Conseil

Cette mousse peut être servie en entrée ou en accompagnement d'une viande ou d'un poisson.

Oignon farci à la forestière

Temps de préparation : 1 h 15
78 Kcal par personne

Marché pour 4 personnes

4 gros oignons de 180 g pièce
100 g de champignons de Paris
100 g de shiitakes (champignons asiatiques marron, également appelés lentins comestibles) ou de cèpes
1 cuil. à soupe de persil frais haché
1 cuil. à soupe de ciboulette finement hachée
Curry en poudre
Gros sel, sel fin, poivre du moulin

Préparation et cuisson

Préchauffer le four à 160 °C (th. 5-6).

Couper légèrement les oignons à la base pour les faire tenir dans un plat. Couper un chapeau dans la partie supérieure, de façon à pouvoir farcir les oignons. Disposer du gros sel dans un plat allant au four et y poser les oignons avec leurs chapeaux. Faire cuire au four pendant 50 min.

Pendant ce temps, laver les champignons et les émincer finement. Les verser dans une casserole et faire cuire pendant 10 min, à couvert, à feu doux et en remuant régulièrement.

Au terme de la cuisson des oignons, les évider de leur chair avec une petite cuillère en laissant sur le pourtour une épaisseur d'environ 0,5 cm.

Hacher la chair des oignons cuite puis l'ajouter aux champignons dans la casserole. Ajouter le persil et la ciboulette hachés. Mélanger. Saler, poivrer et parfumer de quelques pincées de curry.

Farcir chaque oignon de ce mélange. Recouvrir des chapeaux. Réchauffer pendant 10 min au four à 180 °C (th. 6).

Conseil

L'oignon à la forestière peut être servi en accompagnement d'une viande, comme le filet de bœuf au poivre par exemple.

Parmentier de brocolis

Temps de préparation : 30 min
51 Kcal par personne

Marché pour 4 personnes

600 g de sommités de brocolis
200 g de tomates
1 cuil. à soupe de concentré de tomate
Sel fin, poivre du moulin

Matériel
4 cercles à entremets de 8 cm de diamètre et de 4 cm de haut

Préparation et cuisson

Faire bouillir de l'eau dans une casserole. Retirer le pédoncule des tomates puis les plonger dans l'eau bouillante pendant 30 s. Les égoutter et les rafraîchir sous l'eau froide. Retirer la peau et les concasser sur un plan de travail.

Faire cuire les tomates pendant 10 min dans une casserole, sans matière grasse, avec le concentré de tomate, à feu doux. Saler et poivrer. Remuer avec une spatule de temps en temps pour que cela ne brûle pas. Faire cuire les sommités de brocolis 4 min à la vapeur puis les rafraîchir sous l'eau froide.

Préchauffer le four à 180 °C (th. 6).

Partager les brocolis en 2 parts égales. Poser les cercles à entremets dans un plat allant au four. Diviser la première part de brocolis en 4 portions égales et les répartir dans les cercles à entremets, en tassant bien. Verser par-dessus les tomates concassées, toujours en quantité égale. Recouvrir avec le reste des brocolis, en juxtaposant les sommités les unes à côté des autres. Réchauffer 10 min au four.

Finitions

Poser 1 parmentier dans chaque assiette et retirer délicatement le cercle.

Conseil

Ce parmentier peut être servi en entrée ou en accompagnement d'un poisson.

Tomate rôtie piquée à l'ail et ses appétits

Temps de préparation : 20 min
49 Kcal par personne

Marché pour 4 personnes

4 tomates de 100 g pièce
4 gousses d'ail
1 cuil. à soupe d'huile d'olive
Curry et paprika en poudre
60 g de fleur de sel de Guérande

Préparation et cuisson

Préchauffer le four à 180 °C (th. 6).

Laver les tomates et retirer les pédoncules. Couper les gousses d'ail en lamelles et éliminer le germe. Piquer les tomates avec une lame de couteau pour insérer les lamelles d'ail (1 gousse d'ail par tomate). Laisser dépasser de la tomate environ la moitié des lamelles d'ail.

Mettre les tomates dans un plat allant au four et les faire cuire 10 min. Arroser d'huile d'olive pendant la cuisson. Pendant ce temps, préparer les appétits en mélangeant le curry et le paprika à la fleur de sel.

Conseil

Ces tomates piquées à l'ail peuvent être servies en accompagnement d'une viande ou d'un poisson.

Tomate farcie à la purée d'aubergine

Temps de préparation : 60 min
68 Kcal par personne

Marché pour 4 personnes

6 tomates de 80 à 100 g pièce
100 g d'aubergine
1 gousse d'ail, 4 feuilles de basilic
1 cuil. à soupe de concentré de tomate
50 g de Monvelay (voir p. 145)
Farine de guar (voir p. 143)
Sel fin, poivre du moulin

Préparation et cuisson

Faire bouillir de l'eau dans une casserole. Retirer le pédoncule des tomates puis les plonger 30 s dans l'eau bouillante. Les égoutter et les rafraîchir sous l'eau froide. Retirer la peau. Réserver 4 tomates.

Couper les 2 autres tomates par la moitié, horizontalement. Les épépiner et les concasser, puis les verser dans une grande casserole. Mettre à cuire à feu doux, en remuant de temps en temps avec une cuillère en bois.

Éplucher l'aubergine, la couper en petits cubes et l'ajouter dans la casserole. Hacher finement la gousse d'ail et les feuilles de basilic et les ajouter à leur tour. Ajouter le concentré de tomate et bien mélanger. Saler et poivrer. Laisser cuire 30 min à feu doux. Pendant ce temps, couper les 4 tomates au 8/10e de leur hauteur. Les évider de leur chair et de leurs pépins. Conserver les chapeaux.

Au terme de la cuisson, rectifier l'assaisonnement de la purée et y incorporer 2 pincées de farine de guar pour la lier. Laisser tiédir.

Préchauffer le four à 180 °C (th. 6). Farcir les 4 tomates de purée et recouvrir avec les chapeaux. Disposer les tomates dans un plat allant au four. Parsemer de Monvelay râpé. Réchauffer 10 min au four.

Conseil

Ce légume accompagne aussi bien les viandes grillées que les poissons.

« Pizza » d'aubergine

Temps de préparation : 45 min
100 Kcal par personne

Marché pour 4 personnes

1 belle aubergine
6 tomates de 80 g pièce
4 feuilles de basilic
60 g de jambon blanc maigre en tranche épaisse
80 g de Monvelay (voir p. 145)
1 cuil. à café de concentré de tomate
Farine de guar (voir p. 143)
Sel fin, poivre du moulin

Préparation et cuisson

Faire bouillir de l'eau dans une casserole. Retirer le pédoncule des tomates puis les plonger 30 s dans l'eau bouillante. Les égoutter et les rafraîchir sous l'eau froide. Retirer la peau. Couper les tomates horizontalement et les épépiner avec une petite cuillère, puis les concasser.

Couper le jambon blanc et le Monvelay en petits cubes. Tailler les feuilles de basilic en chiffonnade (c'est-à-dire en lanières).

Mettre les tomates concassées dans une casserole sans matière grasse. Ajouter le basilic et le concentré de tomate. Saler et poivrer légèrement. Faire cuire à feu doux pendant 20 min.

Pendant ce temps, couper 12 tranches d'aubergine d'1 cm d'épaisseur et de 7 cm de diamètre. Les cuire 4 min à la vapeur, puis les rafraîchir pour arrêter la cuisson. Les disposer dans un plat allant au four, à côté les unes des autres. Rectifier l'assaisonnement du concassé de tomates et le lier avec 2 pincées de farine de guar.

Préchauffer le four à 210 °C (th. 7). Recouvrir les tranches d'aubergines de concassé de tomates puis répartir les cubes de jambon et de fromage. Passer au four 5 min, puis sous le gril quelques minutes pour faire gratiner.

Conseil

Cette « pizza » d'aubergine accompagne aussi bien une viande qu'un poisson.

Nougat glacé à la façon
Le Norcy et son coulis tutti frutti

Les desserts

Les desserts que je vous propose enlèveront toute frustration aux plus gourmands. Ils sont plus légers que les desserts classiques, mais ils n'en sont pas moins gastronomiques ! Testez la douceur à la fin du repas, elle vous fera oublier que vous surveillez votre ligne.

Ananas Victoria à la norvégienne

Temps de préparation : 50 min
Temps de prise de la glace : au moins 15 min
120 Kcal par personne

Marché pour 4 personnes

2 ananas Victoria
(variété de petits ananas très fruités)
2 fraises
1 kiwi
1 orange
100 g de framboises
3 blancs d'œufs
1 pincée de sel fin
1 cuil. à café de Canderel en poudre

Pour la glace
(il est possible également d'utiliser de la glace à la vanille du commerce)
40 cl de lait écrémé
3 jaunes d'œufs
1 gousse de vanille
1 cuil. à café de Canderel en poudre

Matériel
1 sorbetière

Préparation de la glace

Mettre le lait avec la gousse de vanille dans une casserole. Porter à ébullition.

Battre au fouet, dans un saladier, les jaunes d'œufs et le Canderel. Verser le lait chaud sur le mélange, toujours en remuant au fouet. Remettre le tout dans la casserole et faire cuire à feu moyen pendant 5 min, en remuant sans arrêt et sans faire bouillir.

Verser l'ensemble dans la sorbetière et laisser épaissir par le froid. Réserver la glace au congélateur.

Préparation des ananas

Couper les ananas en deux dans le sens de la longueur. Les évider de leur chair en découpant tout autour avec un petit couteau et en laissant des bords de 0,7 à 0,8 cm d'épaisseur. Retirer la chair avec une cuillère à soupe. Éliminer la partie dure de la chair et couper le reste en petits cubes. Verser les cubes d'ananas dans un saladier. Réserver les demi-ananas.

Laver et équeuter les fraises, les couper en cubes. Éplucher le kiwi et le couper de la même manière. Peler l'orange à vif, en éliminant bien la peau blanche. Découper les quartiers en passant une lame de couteau de chaque côté. Rassembler les fruits dans le saladier avec les ananas. Mélanger. Garnir les demi-ananas de salade de fruits et réserver au réfrigérateur.

Préparation des blancs et du coulis

Monter les blancs en neige au batteur électrique. Ajouter 1 pincée de sel pour les raffermir et le Canderel. Réserver.

Mixer les framboises pour obtenir un coulis et passer au chinois. Ajouter un peu de Canderel si nécessaire.

Finitions

Faire chauffer le four à 240 °C (th. 8).

Disposer une boule de glace dans chaque demi-ananas garni de salade de fruits. Napper de coulis de framboise. Recouvrir le tout de blancs en neige à l'aide d'une poche à douille cannelée, ou plus simplement à la spatule.

Passer au four 1 à 2 min pour faire dorer les blancs en neige. Attention car cette opération est très rapide. Servir immédiatement.

Café liégeois

Temps de préparation : 30 min
Temps de prise de la glace : au moins 15 min
130 Kcal par personne

Marché pour 4 personnes

20 g de copeaux de chocolat noir

Pour la glace café
50 cl de lait écrémé
3 jaunes d'œufs
Extrait de café
1 cuil. à café rase de Canderel en poudre

Pour la Chantilly
4 blancs d'œufs
1 cuil. à soupe de gelée dessert (chez un spécialiste de la pâtisserie)
Extrait de vanille
1 cuil. à café de Canderel en poudre
Sel fin

Préparation de la glace café

Faire chauffer le lait dans une casserole. Battre au fouet, dans un saladier, les jaunes d'œufs et le Canderel. Verser le lait chaud sur le mélange, toujours en remuant au fouet.

Remettre le tout dans la casserole et faire cuire à feu doux pendant 5 min. Parfumer avec quelques gouttes d'extrait de café.

Réserver 10 cl de la préparation au réfrigérateur. Verser le reste dans la sorbetière. Réserver la glace dans le congélateur.

Préparation de la Chantilly

Monter les blancs en neige au batteur électrique, en utilisant la plus grande vitesse. Au cours de l'opération, ajouter 1 pincée de sel fin puis 1 à 2 min plus tard, la cuillère à soupe de gelée dessert et la cuillère à café de Canderel. Parfumer de 2 à 3 gouttes d'extrait de vanille.

Finitions

Disposer dans chaque coupe à dessert 2 boules de glace café, puis arroser de sauce café.

Recouvrir ensuite la glace de Chantilly à l'aide d'une cuillère à soupe en formant un dôme.

Parsemer de copeaux de chocolat.

Émincé de pomme au miel d'oranger et son coulis de framboise

Temps de préparation : 30 min
129 Kcal par personne

Marché pour 4 personnes

4 pommes melrose de 180 g pièce
1 citron (jus)
250 g de framboises + 4 framboises pour la décoration
8 feuilles de menthe
40 g de miel d'oranger
Canderel en poudre

Préparation et cuisson

Préchauffer le four à 200 °C (th. 6-7).

Peler les pommes, les couper en deux par la moitié, dans le sens de la longueur. Les émincer finement, comme pour garnir une tarte.

Disposer les pommes ainsi coupées dans un plat allant au four. Appuyer légèrement dessus pour bien les étaler. Arroser

de jus de citron et faire cuire au four pendant 6 à 8 min.

Mettre le miel dans une petite casserole et le faire chauffer pour le rendre liquide.

Laver et égoutter les framboises, puis les disposer dans un saladier. Mixer et passer au chinois pour obtenir un coulis. Goûter et, si nécessaire, ajouter un peu de Canderel.

Badigeonner les pommes cuites de miel liquide, au pinceau, et faire caraméliser sous le gril du four quelques instants.

Finitions

Napper le centre de chaque assiette de coulis de framboise. Juxtaposer dessus les lamelles de pommes de façon à reconstituer 2 demi-pommes.

Décorer de 2 feuilles de menthe et d'1 framboise, en les mettant entre les 2 moitiés de pomme.

Feuillantine d'ananas à la purée de fraises

Temps de préparation : 30 min
Tranches d'ananas à préparer la veille
81 Kcal par personne

Marché pour 4 personnes

1 ou 2 ananas selon la taille
300 g de fraises mûres
4 framboises
8 feuilles de menthe fraîche
1 citron (jus)
Cannelle en poudre

La veille

Préchauffer le four à 90 °C (th. 3). Peler l'ananas et couper 12 tranches de 0,3 cm d'épaisseur. Les disposer dans un plat allant au four et les laisser dessécher au four environ 45 min, jusqu'à ce qu'elles deviennent craquantes. Conserver dans un récipient hermétique, au sec.

Le jour même

Décoller délicatement les tranches d'ananas du plat et les disposer dans un autre plat.

Laver et équeuter les fraises puis les mettre dans un saladier. Ajouter le jus de citron puis écraser à la fourchette pour obtenir une purée.

Goûter et ajouter un peu de Canderel si nécessaire.

Finitions

Pour dresser la feuillantine d'ananas, poser 1 tranche d'ananas au centre de chaque assiette. Étaler dessus une épaisseur de purée de fraises.

Poser à nouveau 1 tranche d'ananas et renouveler l'opération. Terminer par une tranche d'ananas.

Pour décorer, poser 1 framboise sur 2 feuilles de menthe. Saupoudrer de cannelle.

Fraisier diététique et son coulis

Temps de préparation : 60 min
(à préparer au moins 2 h avant de servir)
232 Kcal par personne

Marché pour 4 personnes

Pour l'appareil à flan
25 cl de lait écrémé
3 jaunes d'œufs
2 feuilles de gélatine
1/2 gousse de vanille
10 g de Canderel en poudre
40 g de poudre à flan
(en magasin diététique ou en grande surface)

Pour l'appareil à génoise
3 jaunes d'œufs
65 g de lait écrémé en poudre
5 g de Canderel en poudre

Pour le coulis de fraise
100 g de fraises
3 g de Canderel en poudre

Garniture et décoration
250 g de fraises
8 feuilles de menthe fraîche

Matériel
4 cercles à entremets de 8 cm de diamètre
et de 4,5 cm de haut

Préparation de la génoise

Préchauffer le four à 210 °C (th. 7).

Mettre les jaunes d'œufs dans un cul-de-poule et ajouter les 5 g de Canderel. Préparer un bain-marie. L'eau doit être à 60 °C maximum. Mettre le cul-de-poule dans le bain-marie. Battre les jaunes et le Canderel avec un fouet jusqu'à ce que le mélange ait la consistance d'une crème.

Incorporer ensuite, toujours au fouet et hors du bain-marie, le lait écrémé. Le mélange doit être homogène.

Étaler le mélange sur une plaque à pâtisserie antiadhésive, sur une épaisseur d'1 cm environ. Mettre au four et faire cuire 5 à 6 min. Démouler aussitôt.

Préparation de l'appareil à flan

Verser le lait dans une casserole. Récupérer les grains de vanille en grattant la gousse avec une lame de couteau. Les ajouter au lait. Faire chauffer à feu doux.

Pendant ce temps, mélanger dans un saladier les 3 jaunes d'œufs et les 40 g de poudre à flan, avec un fouet.

Faire ramollir les feuilles de gélatine dans de l'eau froide.

Verser le lait chaud dans le mélange tout en remuant avec le fouet. Remettre le tout dans la casserole et laisser cuire 5 min à feu doux en remuant sans arrêt.

Dès que l'appareil à flan est cuit, ajouter le Canderel puis les feuilles de gélatine égouttées. Bien mélanger au fouet pour obtenir un mélange homogène. Réserver.

Montage du fraisier

Laver et équeuter les fraises. En garder 4 de côté pour la décoration.

Poser les 4 cercles à entremets sur la génoise et découper avec un couteau, en se servant de la paroi intérieure du cercle comme guide, afin d'obtenir un cercle bien régulier. Placer les cercles sur un plat et disposer un disque de génoise dans chacun d'eux.

Couper les fraises en fines lamelles, dans le sens de la longueur. Tapisser l'intérieur de chaque moule de lamelles de

fraise (conserver les petits morceaux restant pour le coulis).

Remplir chaque cercle à ras bord d'appareil à flan et laisser prendre au réfrigérateur pendant 2 h.

Préparation du coulis

Faire bouillir 5 cl d'eau avec les 3 g de Canderel. Stopper la cuisson dès l'ébullition. Laver et équeuter les fraises puis les couper en quatre. Les verser dans l'eau sucrée. Mixer et passer au chinois.

Finitions

Démouler les fraisiers sur des assiettes à dessert. Verser le coulis autour. Pour décorer, poser 1 fraise sur 2 feuilles de menthe, sur chaque fraisier.

Gâteau à la pomme et ses copeaux de chocolat

Temps de préparation : 60 min
(à préparer au moins 2 h avant de servir)
380 Kcal par personne

Marché pour 4 personnes

40 g de cacao maigre sans sucre ajouté

Pour l'appareil à génoise
3 jaunes d'œufs
65 g de lait en poudre
5 g de Canderel en poudre

Pour la crème vanillée
2 pommes melrose de 180 g pièce
25 cl de lait écrémé
80 g de fromage blanc
à 0 % de matière grasse
3 jaunes d'œufs
4 feuilles de gélatine
1 gousse 1/2 de vanille
40 g de poudre à flan
(en magasin diététique ou en grande surface)
60 g de miel d'oranger
10 g de Canderel en poudre

Pour le coulis de mûre
200 g de mûres
1 citron (jus)
Canderel en poudre

Matériel
4 cercles à entremets de 8 cm de diamètre
et de 4,5 cm de haut

Préparation de la génoise

Préchauffer le four à 210 °C (th. 7).

Mettre les jaunes d'œufs dans un cul-de-poule et ajouter les 5 g de Canderel.

Préparer un bain-marie (l'eau ne doit pas dépasser 60 °C). Mettre le cul-de-poule dans le bain-marie. Battre avec un fouet le mélange œufs/Canderel jusqu'à ce qu'il atteigne la consistance d'une crème. Incorporer hors du feu le lait en poudre afin d'obtenir un mélange homogène.

Étaler la préparation sur une plaque à pâtisserie antiadhésive, sur une épaisseur d'1 cm environ. Mettre au four et faire cuire 5 à 6 min. Démouler aussitôt.

Préparation de la crème vanillée

Verser le lait dans une casserole. Gratter les graines de vanille et les mettre dans le lait. Faire chauffer.

Faire ramollir les feuilles de gélatine dans de l'eau froide.

Mélanger au fouet dans un saladier les jaunes d'œufs, les 40 g de poudre à flan et le sucre Canderel. Verser le lait chaud dans le saladier, tout en remuant avec le fouet. Remettre le mélange dans la casserole et faire cuire 5 min, à feu doux, sans cesser de remuer.

Égoutter les feuilles de gélatine puis les incorporer dans le mélange. Laisser tiédir puis incorporer le fromage blanc. Réserver.

Éplucher et épépiner les pommes, puis les tailler en petits cubes d'1 cm de côté. Faire chauffer une poêle avec le miel et y verser les petits cubes de pomme. Laisser colorer 5 à 6 min en remuant régulièrement. Laisser tiédir les pommes puis les incorporer à la crème vanillée.

Montage du gâteau

Poser les cercles sur la génoise et découper avec un couteau en se servant de la paroi intérieure du cercle comme guide.

Placer les cercles sur un plat avec la rondelle de génoise à l'intérieur. Y verser la crème vanillée aux pommes, jusqu'à ras bord. Laisser prendre 2 h au réfrigérateur.

Préparation du coulis de mûre

Pendant ce temps, laver et égoutter les mûres puis les mettre dans un saladier. Ajouter le jus de citron. Mixer le tout et passer au chinois. Goûter et ajouter un peu de Canderel si nécessaire.

Finitions

Démouler 1 gâteau au centre de chaque assiette et napper de coulis de mûre autour. Faire des copeaux de chocolat noir, avec un couteau, puis en parsemer le gâteau.

Gratin de fraises

Temps de préparation : 30 min
65 Kcal par personne

Marché pour 4 personnes

300 g de fraises
2 jaunes d'œufs
80 g de fromage blanc
à 0 % de matière grasse
1/2 cuil. à café de Canderel en poudre

Préparation et cuisson

Équeuter, laver et couper les fraises en petits cubes. En garnir 4 moules à tartelette en quantités égales.

Monter un sabayon avec les 2 jaunes d'œufs (voir p. 139). Ajouter ensuite le fromage blanc, toujours au bain-marie, puis le Canderel. Bien mélanger.

Verser le mélange sur les fraises. Faire gratiner sous le gril du four pendant 3 à 4 min, jusqu'à coloration.

Servir aussitôt.

Conseil

Selon la saison, les fraises peuvent être remplacées par d'autres fruits.

Marmelade d'agrumes à la confiture d'algues

Temps de préparation : 40 min
210 Kcal par personne

Marché pour 4 personnes

2 oranges
2 pamplemousses rosés
200 g de fraises
80 g de marmelade de wakamé
(confiture d'algues : voir p. 142)
1 citron (jus)
12 grains de raisin noir
3 g de Canderel en poudre

Matériel
1 cercle à entremet de 8 cm de diamètre
et de 4,5 cm de haut

Préparation et cuisson

Préchauffer le four à 200 °C (th. 6-7).

Peler à vif les oranges et les pamplemousses, en prenant soin d'éliminer la peau blanche. Récupérer les quartiers en glissant la lame de votre couteau de chaque côté pour bien les détacher de la membrane qui les sépare.

Verser la marmelade de wakamé dans une poêle et faire chauffer à feu doux. Dès que la marmelade se met à mousser, ajouter les quartiers d'oranges et de pamplemousses.

Mélanger avec une spatule. Verser ensuite dans un plat allant au four et faire cuire au four pendant 20 min pour obtenir la marmelade.

Pendant ce temps, préparer un coulis de fraise : laver et équeuter les fraises, les couper grossièrement dans un bol et mixer. Passer au chinois, citronner et ajouter le Canderel en poudre.

Mettre les grains de raisin dans un plat et les faire cuire au four pendant 3 min, toujours à 200 °C. Au terme de la cuisson, retirer la marmelade d'agrumes du four et la laisser tiédir.

Finitions

Poser le cercle sur le centre d'une assiette à dessert. Répartir 1/4 de la marmelade. Tasser avec une cuillère et napper le tour de coulis de fraise.

Poser 3 grains de raisin sur la marmelade puis retirer le cercle. Recommencer l'opération pour les autres assiettes.

Marmelade de mangue moulée avec sa glace au lait de coco et son coulis de clémentine

Temps de préparation : 1 h 20
Temps de prise de la glace : au moins 15 min
180 Kcal par personne

Marché pour 4 personnes

1 mangue de 500 g (pour obtenir 280 g
de mangue épluchée sans noyau)
4 framboises pour la décoration
20 g de poudre de cacao
50 g de miel d'oranger

Pour la glace
100 g de lait de coco en poudre
2 jaunes d'œufs
1 cuil. à café de Canderel en poudre

Marmelade de mangue moulée avec sa glace au lait de coco et son coulis de clémentine

Pour le coulis de clémentine
4 clémentines
1/2 gousse de vanille
Farine de guar (voir p. 143)
Canderel en poudre

Matériel
4 cercles à entremet de 6,5 cm de diamètre et de 4 cm de haut

Préparation de la glace

Faire tiédir 40 cl d'eau. Verser l'eau tiède dans un saladier puis incorporer la poudre de lait de coco.

Battre dans un saladier les jaunes d'œufs et le Canderel. Ajouter le lait de coco et bien mélanger au fouet. Verser le tout dans une casserole et faire cuire à feu doux, tout en remuant sans arrêt pendant 6 min, sans faire bouillir.

Verser l'ensemble dans une sorbetière et laisser prendre 15 à 20 min. Réserver la glace au congélateur.

Préparation du coulis de clémentine

Peler les clémentines à vif et les couper grossièrement dans une casserole. Ajouter 10 cl d'eau froide et la 1/2 gousse de vanille. Faire cuire à feu doux pendant 30 min à découvert.

Mixer et passer au chinois étamine. Goûter et, si nécessaire, sucrer avec un peu de Canderel. Si le coulis manque d'onctuosité, ajouter quelques grammes de farine de guar pour le lier. Réserver au froid.

Préparation de la marmelade de mangue

Éplucher la mangue. Couper 280 g de chair de mangue en petits cubes d'environ 1 cm de côté. Faire chauffer une poêle avec le miel. Verser les dés de mangue sur le miel chaud et faire caraméliser dans la poêle, tout en remuant avec une cuillère en bois, jusqu'à ce que la mangue devienne fondante.

Poser les quatre cercles à entremets sur un plat. Répartir la marmelade de mangue, en quantités égales, dans chaque cercle. Tasser avec une cuillère. Compléter chaque cercle avec la glace au lait de coco à ras bord. Lisser avec une spatule. Mettre le tout au congélateur pendant 30 min.

Finitions

Démouler le contenu de chaque cercle au centre d'une assiette à dessert. Parsemer de poudre de cacao. Verser le coulis de clémentine autour. Poser une framboise sur chaque dessert et servir rapidement.

Nougat glacé à la façon Le Norcy et son coulis tutti frutti

Temps de préparation : 50 min
(à préparer au moins 8 h avant de servir)
265 Kcal par personne

Marché pour 4 personnes

30 g d'amandes entières
30 g de noisettes
30 g de pistaches
30 g de raisins secs
100 g de miel
4 blancs d'œufs
80 g de fromage blanc à 0 % de matière grasse
40 g de gelée dessert (chez un spécialiste de la pâtisserie)

Pour le coulis tutti frutti
40 g de pulpe de mangue
40 g de fraises
40 g de framboises
40 g de kiwi
Canderel en poudre

Matériel
4 cercles à entremet de 8 cm de diamètre
et de 4,5 cm de haut

Préparation et cuisson

Préchauffer le four à 220 °C (th. 7-8)

Faire bouillir 40 g de miel. Faire griller les amandes, les pistaches et les noisettes au four, dans un plat. Mélanger au miel pour obtenir une nougatine. Laisser refroidir sur un marbre ou dans un plat lui-même posé sur un autre plat rempli de glaçons. Passer la nougatine au robot électrique 30 s pour la broyer. Réserver.

Monter les blancs en neige au batteur électrique sur la plus grande vitesse. Au cours de l'opération, ajouter la gelée dessert.

Faire bouillir les 60 g de miel restant. Le verser sur les blancs montés en neige puis laisser tourner le batteur à vitesse moyenne pour refroidir le mélange.

Incorporer la nougatine avec une spatule, puis le fromage blanc et les raisins secs. Le mélange doit être homogène. Poser les cercles sur un plat et les remplir d'appareil à nougat. Laisser 6 h au congélateur.

Préparation du coulis

Couper grossièrement les fruits puis les mixer. Passer au chinois. Goûter et ajouter un peu de Canderel si nécessaire.

Finitions

Démouler les nougats sur les assiettes et verser le coulis de fruit autour.

Rosace de melon et son coulis vanillé

Temps de préparation : 45 min
58 Kcal par personne

Marché pour 4 personnes

2 melons de taille moyenne
4 fraises
1 gousse de vanille
Canderel en poudre

Préparation

Couper les melons en deux horizontalement. À l'aide d'une cuillère, les vider de leurs pépins dans un saladier. Retirer leur peau avec un couteau, puis couper la chair en tranches très fines de 0,3 cm d'épaisseur. Conserver les tranches les plus petites découpées aux extrémités. Passer à travers un chinois les pépins et leur jus en pressant bien avec une petite louche.

Ajouter au jus les extrémités de melon coupées grossièrement et mixer le tout pour obtenir un coulis. Fendre la gousse de vanille dans le sens de la longueur et récupérer les graines en grattant avec un petit couteau. Ajouter ces graines au coulis et bien mélanger.

Couper les fraises en petits cubes de 0,5 cm de côté.

Finitions

Plier les tranches de melon en quatre puis les disposer les unes à côté des autres sur l'assiette à dessert, en forme de couronne. Sur cette première rangée de tranches de melon, ajouter une seconde couche de tranches également pliées en quatre et terminer la rosace en posant une dernière tranche pliée sur le dessus, au centre de l'assiette. Procéder ainsi pour les 4 assiettes.

Arroser de coulis de melon vanillé et parsemer de petits dés de fraise. Servir bien frais.

Soupe de fruits et son sorbet

Temps de préparation : 55 min
(à préparer au moins 2 h avant de servir)
120 Kcal par personne

Marché pour 4 personnes

180 g de pomme rouge
180 g de poire conférence
100 g de fraises
1 citron (jus)
40 cl de jus d'orange frais
4 feuilles de menthe

Pour le sorbet
400 g de pommes granny smith
1 citron (jus)
1 blanc d'œuf
1 cuil. à café de Canderel en poudre

Matériel
1 sorbetière

Préparation de la soupe de fruits

Laver et équeuter les fraises puis les mixer. Passer au chinois pour obtenir un coulis. Mélanger dans un saladier le jus d'orange et le coulis de fraise.

Éplucher la pomme rouge et la poire, les couper en deux et retirer les pépins. Les tailler ensuite en cubes d'1 cm de côté. Bien les mélanger à 10 cl de jus de citron, dans un saladier.

Verser l'ensemble dans le mélange de jus d'orange et de coulis de fraise.

Mettre au réfrigérateur pendant 1 h.

Préparation du sorbet

Réunir dans une casserole 15 cl d'eau et le Canderel. Porter à ébullition pour obtenir un sirop. Réserver au frais.

Éplucher les pommes, retirer les pépins puis tailler le tout grossièrement. Mélanger les morceaux de pommes et 10 cl de jus de citron dans un saladier. Mixer le tout et passer au chinois pour obtenir un coulis. L'ajouter ensuite au sirop.

Monter le blanc d'œuf en neige et l'incorporer au mélange. Verser le tout dans la sorbetière et laisser épaissir.

Finitions

Répartir la soupe de fruits dans des assiettes creuses, poser 1 boule de sorbet dans la soupe.

Pour servir, émincer finement les feuilles de menthe et en parsemer le dessus de chaque soupe.

Soupe de pêches à la rhubarbe

Temps de préparation : 45 min
(à préparer au moins 2 h avant de servir ; cette recette peut être faite la veille)
75 Kcal par personne

Marché pour 4 personnes

2 belles pêches jaunes et mûres
300 g de rhubarbe
1 orange
1 citron (jus)
8 feuilles de menthe

Préparation et cuisson

Faire bouillir de l'eau. Plonger les pêches dans l'eau bouillante 30 s environ. Les égoutter, les rafraîchir et retirer la peau. Couper les pêches en deux en faisant le tour du noyau avec la lame d'un couteau ; retirer le noyau. On obtient ainsi 4 oreillons. Émincer les oreillons de pêches en tranches de 0,3 à 0,4 cm.

Éplucher les tiges de rhubarbe puis les couper finement. Mélanger le tout dans une casserole.

Retirer les zestes de l'orange puis les réserver. Presser l'orange et le citron et ajouter leur jus aux fruits dans la casserole. Faire cuire 15 min, cuisson frémissante. Au terme de la cuisson, laisser tiédir puis mettre au réfrigérateur 1 h.

Pendant ce temps, émincer finement les zestes d'orange. Les faire blanchir en les mettant dans de l'eau froide et en donnant une ébullition. Égoutter et rafraîchir.

Superposer les feuilles de menthe puis les émincer finement.

Finitions

Servir la soupe de pêches à la rhubarbe dans des assiettes creuses. Parsemer de zestes d'orange et de menthe émincée.

Soupe d'oranges à la menthe

Temps de préparation : 30 min
(à réaliser au moins 1 h 30 avant de servir)
96 Kcal par personne

Marché pour 4 personnes

4 oranges moyennes (100 à 110 g pièce)
4 feuilles de menthe fraîche
4 fraises
50 cl de jus d'orange
1 gousse de vanille
Canderel en poudre

Préparation

Verser le jus d'orange dans une casserole. Couper la gousse de vanille dans le sens de la longueur. Gratter les graines et les ajouter au jus d'orange. Faire réduire de moitié, à feu doux.

Pendant ce temps, peler les 4 oranges à vif et lever les quartiers. Les disposer dans un saladier. Couper les feuilles de menthe en lanières, puis les mélanger aux quartiers d'orange. Verser dessus le jus d'orange réduit chaud. Laisser tiédir puis faire macérer 1 h au réfrigérateur. Laver et couper les fraises en petits dés.

Finitions

Servir la soupe d'oranges dans des assiettes creuses. Parsemer de dés de fraises.

Les vinaigrettes et sauces froides

Les sauces jouent un très grand rôle car elles ont la faculté de marier différentes saveurs. Elles sont aussi un peu « secrètes », car la question la plus fréquente est :
– « Qu'avez-vous mis dans votre sauce ? »
Enfin, elles apportent de la gaieté à nos assiettes grâce à leurs couleurs parfois originales.

Sabayon

Temps de préparation : 5 min
28 Kcal par personne

Marché pour 4 personnes

2 jaunes d'œufs
1 cuil. à soupe d'eau froide

Préparation

Mettre les 2 jaunes d'œufs dans un récipient au fond arrondi. Ajouter la cuillerée à soupe d'eau froide.

Préparer un bain-marie dans une casserole plus grande que le récipient qui contient les jaunes d'œufs et l'eau, en remplissant la casserole d'eau à mi-hauteur. Faire chauffer à 50-60 °C.

Poser le récipient contenant les jaunes d'œufs et l'eau dans le bain-marie.

Battre énergiquement jusqu'à ce que le mélange atteigne la consistance d'une crème.

La température ne doit pas excéder 60 °C. Le point de repère est de toujours pouvoir tenir les mains sur le récipient. Si la chaleur devient excessive, retirer du bain-marie et battre en dehors pour faire descendre la température.

Si le sabayon retombe, on peut le remonter au bain-marie.

Conseil

Le sabayon servira de base à la confection de sauces pour les viandes, les poissons, ainsi que pour les desserts.

Mayonnaise allégée

Temps de préparation : 15 min
41 Kcal par personne

Marché pour 4 personnes

1 œuf dur
1 cuil. à soupe de moutarde forte de Dijon
160 g de fromage blanc à 0 % de matière grasse
Sel fin
Poivre du moulin

Préparation

Écaler l'œuf et le couper grossièrement. Passer l'œuf au mixeur avec la moutarde pour obtenir un mélange homogène.

Verser ce mélange dans un saladier puis y incorporer le fromage blanc avec un fouet. Saler et poivrer.

Conseils

Cette sauce sert de base à différentes sauces : il suffit de la parfumer avec des herbes, des épices, des échalotes, de l'ail, etc.

Elle peut se conserver pendant 2 ou 3 jours au réfrigérateur.

Vinaigrette à la tomate

Temps de préparation : 30 min
25 Kcal par personne

Marché pour 4 personnes

400 g de tomates
1 cuil. à soupe de persil haché
1 cuil. à soupe d'estragon haché
1 cuil. à soupe de cerfeuil haché
1 cuil. à soupe de concentré de tomate
4 cl de vinaigre balsamique
50 g de moutarde forte de Dijon
Farine de guar (voir p. 143)
Sel fin
Poivre du moulin

Préparation et cuisson

Faire bouillir de l'eau. Retirer le pédoncule des tomates et les plonger 30 s dans l'eau bouillante. Les rafraîchir. Enlever la peau, les couper horizontalement et ôter les pépins.

Concasser les tomates sur une planche avec un couteau. Les mettre dans 6 cl d'eau avec le concentré de tomate. Faire cuire à feu doux et à découvert, jusqu'à ce que la concassée ait l'aspect d'une compote. Mixer et passer au chinois étamine. Lier avec 2 pincées de farine de guar. Laisser refroidir.

Mélanger dans un saladier la moutarde et le vinaigre. Incorporer le coulis de tomate avec un fouet. Le mélange doit être homogène. Ajouter les herbes hachées. Saler et poivrer. Réserver au frais.

Conseil

Cette vinaigrette peut être agrémentée d'un peu d'échalote et d'ail hachés, voire d'un filet d'huile d'olive.

Vinaigrette aux agrumes

Temps de préparation : 30 min
51 Kcal par personne

Marché pour 4 personnes

15 cl de jus d'orange frais
15 cl de jus de pamplemousse frais
10 cl de jus de citron frais
50 g de moutarde à l'ancienne
1 cuil. à soupe d'échalote finement hachée
1 cuil. à café d'ail finement haché
Farine de guar (voir p. 143)
Sel fin
Poivre du moulin

Préparation et cuisson

Verser les 3 jus d'agrumes dans une casserole. Mettre à cuire à feu doux jusqu'à réduction de moitié. Lier avec 1 à 2 pincées de farine de guar. Passer au chinois étamine. Laisser refroidir.

Mettre la moutarde dans un saladier. Verser dessus la réduction de jus d'agrumes, tout en battant au fouet électrique, ceci afin d'obtenir une meilleure émulsion.

Ajouter l'échalote et l'ail haché. Saler et poivrer. Réserver au frais. Bien mélanger la sauce avant de servir.

Conseils

Cette vinaigrette peut être parfumée avec du vinaigre balsamique ou du vinaigre de framboise.

Elle agrémente très bien les salades vertes ou composées.

Vinaigrette aux algues condiments

Temps de préparation : 15 min
33 Kcal par personne
(ou 56 Kcal avec l'huile d'olive)

Marché pour 4 personnes

10 cl d'huile d'olive ou 10 cl d'huile de paraffine
30 g de moutarde forte de Dijon
4 cl de vinaigre balsamique
40 g d'algues condiments (voir p. 142)
Sel fin
Poivre du moulin

Préparation

Dans un saladier, mélanger la moutarde et le vinaigre balsamique avec un fouet. Incorporer l'huile de votre choix. Bien émulsionner.

Incorporer les algues condiments égouttées. Saler et poivrer. Réserver au frais jusqu'au moment de servir.

Conseil

Cette sauce accompagne les salades, les crudités, les tartares de poissons…

Vinaigrette au raisin noir

Temps de préparation : 45 min
58 Kcal par personne

Marché pour 4 personnes

500 g de raisin noir (muscat)
6 cl de vinaigre de vin
50 g de moutarde forte de Dijon
Farine de guar (voir p. 143)
Sel fin
Poivre du moulin

Préparation et cuisson

Égrainer le raisin puis le laver. Le mettre à cuire, à couvert, dans une casserole avec 5 cl d'eau, pendant 25 min. Au terme de la cuisson, mixer et passer au chinois étamine. Remettre sur feu doux et laisser réduire de moitié.

Lier avec quelques pincées de farine de guar, jusqu'à ce que le coulis devienne nappant. Laisser refroidir.

Mélanger dans un saladier la moutarde et le vinaigre de vin. Verser ensuite le coulis de raisin froid tout en battant avec un fouet (à main ou électrique) pour obtenir un mélange bien homogène. Saler et poivrer.

Réserver au frais jusqu'au moment de servir.

Conseils

Cette vinaigrette de raisin peut être parfumée aux herbes, avec une épice, ou également avec de l'oignon, de l'échalote ou de l'ail hachés.

Elle accompagne très bien les salades et peut être conservée 2 jours au réfrigérateur.

Vinaigrette de betterave rouge

Temps de préparation : 20 min
47 Kcal par personne

Marché pour 4 personnes

300 g de betterave rouge cuite
30 g d'échalote
1 cuil. à soupe de ciboulette hachée
50 g de moutarde à l'ancienne
6 cl de vinaigre d'alcool coloré
Farine de guar (voir p. 143)
Sel fin
Poivre du moulin

Préparation

Éplucher la betterave et la couper en petits cubes. La passer au mixeur pour obtenir un coulis. Passer le coulis au chinois étamine en pressant avec une petite louche.

Incorporer au coulis 2 pincées de farine de guar avec un fouet. Réserver.

Mélanger la moutarde et le vinaigre d'alcool coloré dans un saladier puis incorporer le coulis de betterave, en battant énergiquement avec un fouet. La sauce doit être bien émulsionnée.

Hacher finement l'échalote et l'ajouter à la sauce ainsi que la ciboulette hachée. Saler et poivrer.

Réserver au frais jusqu'au moment de servir.

Vinaigrette d'oignon à l'ail

Temps de préparation : 45 min
80 Kcal par personne

Marché pour 4 personnes

400 g d'oignons
60 g d'ail
1 cuil. à soupe de ciboulette hachée
50 g de moutarde aux algues
5 cl de vinaigre balsamique
Farine de guar (voir p. 143)
Sel fin
Poivre du moulin

Préparation et cuisson

Émincer finement les oignons. Écraser l'ail et retirer le germe. Mettre le tout dans une casserole. Mouiller avec 20 cl d'eau. Cuire 30 min à couvert, cuisson frémissante.

Au terme de la cuisson, mixer pour obtenir un coulis puis passer au chinois étamine en pressant avec une petite louche. Lier avec 1 ou 2 pincées de farine de guar, puis laisser refroidir.

Mélanger ensuite dans un saladier la moutarde aux algues et le vinaigre balsamique avec un fouet, puis incorporer le coulis d'oignon à l'ail. Cette opération peut également être réalisée avec un fouet électrique. On obtient ainsi une bonne émulsion. Ajouter la ciboulette hachée. Saler et poivrer.

Réserver au frais jusqu'au moment de servir.

Vinaigrette du jardinier

Temps de préparation : 45 min
21 Kcal par personne

Marché pour 4 personnes

200 g de tomates
200 g de concombre
1 gousse d'ail
1 cuil. à soupe d'estragon haché
1 cuil. à soupe de cerfeuil haché
1 cuil. à soupe de concentré de tomate
Sauce soja
Farine de guar (voir p. 143)
Sel fin
Poivre du moulin

Préparation et cuisson

Faire bouillir de l'eau. Retirer le pédoncule des tomates et les plonger 30 s dans l'eau bouillante. Rafraîchir sous l'eau froide. Enlever délicatement la peau.

Couper grossièrement les tomates et le concombre (ne pas l'épépiner). Mettre le tout dans une casserole. Mouiller avec 10 cl d'eau. Ajouter le concentré de tomate et la gousse d'ail et laisser cuire 30 min à feu moyen.

Mixer pour obtenir un coulis, passer au chinois et ajouter quelques gouttes de sauce soja. Lier avec quelques pincées de farine de guar jusqu'à ce que le coulis devienne nappant. Saler et poivrer. Laisser refroidir.

Avant de servir, ajouter l'estragon et le cerfeuil hachés.

Conseil

Cette sauce accompagne les salades et assortiments de crudités.

Les algues et les végétaux marins, des richesses méconnues

La recherche d'un meilleur équilibre nutritionnel se joint désormais au souci de protection du consommateur. L'intérêt se porte de plus en plus vers les ressources marines végétales pour leur richesse en éléments vitaux.
Les algues donnent à la cuisine un goût venu du large.
Elles s'utilisent pour la cuisson des poissons mais aussi celle des viandes, et entrent dans la composition des salades.
J'utilise également la marmelade de wakamé dans la préparation des desserts et des sauces de viande.
Les algues permettent de réaliser des sauces aux parfums originaux, que ce soit dans les plats chauds ou froids.

Les préparations qui suivent ont été mises au point par mon ami Jean-Paul Mabilleau. Vous pouvez vous les procurer par correspondance :
- Le Home d'Ys, Kervilio 56 550 Belz - tél. : 02 97 55 53 47

ou dans certaines poissonneries, à Paris :
- *Chrono Pêche* : 41, rue des Martyrs, 9e - tél. : 01 48 78 06 64, 113bis, rue de la Roquette, 11e - tél. : 01 46 59 38 33 et 52, rue Saint-Didier, 16e - tél. : 01 47 55 47 06 ;
- *Comptoir océanique* : 21, rue Rambuteau, 4e - tél. : 01 42 72 17 39 ;
- *La Fine Marée* : 7, rue Lévis, 17e - tél. : 01 43 87 79 20.

Les algues condiments

Composé de deux variétés d'algues marinées dans du vinaigre aromatisé, ce condiment remplace avantageusement les cornichons.

Il peut être consommé avec de la viande ou du poisson et convient également pour la préparation des vinaigrettes et mayonnaises.

La marmelade de wakamé

Le wakamé est une algue. Cette marmelade hors du commun est parfumée au citron et au gingembre.

Elle peut être utilisée dans la confection des sauces de viande ou de gibiers mais aussi, pourquoi pas, dans un bol de fromage blanc !

La moutarde aux algues

Elle est composée de moutarde additionnée de 20 % d'algues marinées dans du vinaigre aromatisé.

Elle s'utilise comme une moutarde ordinaire, mais la saveur est légèrement différente.

Le Grillalgues

Il est composé de douze plantes aromatiques et de cinq variétés d'algues, de sel de mer et de sel de Guérande.

Ce produit odorant est particulièrement adapté pour relever les grillades, les rôtis, les omelettes…

Le Tapenalgues

Il se compose d'algues, d'ail, de vinaigre et d'huile d'olive.

Il s'utilise pour accompagner les viandes, les poissons ou pour confectionner des toasts.

La saccharina séchée

La saccharina est une feuille végétale savoureuse. Une fois séchée, du blanc apparaît sur la surface mais c'est seulement du sel. Avant utilisation, il faut la tremper 2 à 3 min dans l'eau tiède.

On peut l'utiliser pour les papillotes de poisson, pour chemiser les moules pour terrines de poisson, pour barder les rôtis de poisson mais aussi parfumer les fumets.

Assaisonnement et liaisons : les petits plus qui font la différence…

Les appétits

Pour leur composition, j'utilise à la base de la fleur de sel de Guérande que j'associe à des épices, des herbes fraîches ou séchées et à des algues déshydratées selon l'usage que je veux en faire.

Exemples :

– Pour accompagner une viande, je mélange la fleur de sel à du curry, du paprika, de la noix muscade et un peu de poivre mignonnette. Chacun peut doser les épices selon ses goûts.

– Pour accompagner un poisson, je mélange à la fleur de sel du safran et de l'aneth.

N'hésitez pas à faire preuve d'imagination dans vos associations !

La farine de guar

C'est une farine extraite d'une graine de la famille des légumineuses et originaire d'Inde. Quelques pincées suffisent pour lier une sauce. Vous pouvez vous en procurer en pharmacie ou dans les magasins de produits diététiques.

Le plateau de fromages allégés

Le Merzer, un fromage de caractère

Fabriqué en Bretagne à Noyal-sur-Vilaine, c'est le plus léger des fromages de caractère et le digne héritier d'une tradition de fromages à pâte pressée, non cuite, et à croûte naturelle développée à l'origine par les abbayes de l'ouest de la France.

Les méthodes de fabrication du Merzer, avec du lait partiellement écrémé, permettent d'obtenir un savoureux fromage avec seulement 25 % de matière grasse, en maintenant toutefois un taux de calcium élevé (200 mg pour 100 g).

Son affinage en cave pendant trois semaines et les soins attentifs dont il fait l'objet donnent au Merzer son goût typé et caractéristique.

Le Maigrelait, en provenance des montagnes

La laiterie Fabre Frères est installée au lieu-dit La Buzatié, commune de Viane, dans la partie montagneuse de l'est du département du Tarn.

On y fabrique le Maigrelait, spécialité de fromage maigre, à 18 % de matière grasse, et à teneur réduite en sodium (moins de 1 %). Ce fromage peut donc tout à fait être consommé lors de régimes pauvres en sel.

Le Fine des prés, le plaisir sur toute la ligne

Avec seulement 28 % de matière grasse, mais naturellement riche en calcium et en phosphore, le Fine des prés est bon pour l'équilibre.

C'est un fromage authentique, fabriqué au cœur de la Mayenne, région de grande tradition laitière, avec des ingrédients sains et naturels : du lait, de la présure, des ferments et du sel.

Sa pâte est molle à croûte fleurie, fine et recouverte d'une fleur blanche uniforme. Sa texture est souple et homogène, son goût est doux et légèrement acidulé.

Le Monvelay, l'allégé à pâte tendre

Le Monvelay est un fromage à pâte pressée, au lait pasteurisé, avec seulement 25 % de matière grasse. Il allie équilibre et goût.

Sa croûte est de couleur ocre foncé, légèrement tramée. Sa pâte est de couleur ivoire, homogène avec de petites ouvertures et sa texture est souple mais au goût typé.

Ce fromage est servi sur notre plateau, mais il entre aussi dans la composition de mes gratins, cordons-bleus et amuse-bouches.

Le Point bleu, le plus léger des bleus

C'est un fromage à pâte persillée, allégé à 12 % de matière grasse seulement. Sa texture est fondante et son goût typé, caractéristique des bleus.

Ce fromage se sert à la coupe ou dans la préparation des salades et amuse-bouches.

Le Fine bouche, si léger, si gourmand !

Le Fine bouche est tout particulièrement apprécié pour sa texture onctueuse et crémeuse.

Il allie légèreté et richesse nutritionnelle : sa teneur est garantie en zinc (dont la carence peut entraîner une perte de goût) et en vitamine B1 (participant à la transformation des aliments en énergie). Le Fine bouche est également riche en calcium, phosphore et vitamine B12.

Son taux de matière grasse est de 10,6 %. Il fait partie de notre plateau de fromages.

Le Fraimontal

Ce fromage a une croûte laquée, de couleur orange, sans trous ni moisissures. Sa pâte est de couleur jaune-orangé et son odeur agréable. Sa texture est plutôt ferme, mais il est souple et fondant en bouche. Quant à son goût, il est doux et légèrement fruité.

Le Fraimontal est fabriqué à Lons puis affiné à Villefranche-du-Lauragais. Son pourcentage de matière grasse est de 25 %.

Je le sers sur le plateau de fromages ou je l'utilise dans la préparation de certaines salades composées.

Le fromage à la pie

Ce fromage est particulier. Il s'utilise pour la confection de farces à base d'herbes fraîches, jambon, saumon fumé ou épices, pour les amuse-bouches et les entrées. On le mange également salé, poivré, avec des herbes ou encore avec du sucre ou du café soluble.

Il est fabriqué avec du lait de vache pasteurisé et écrémé. Le lait est ensuite mixé en bassine, on y ajoute des ferments, de la présure et on laisse coaguler. Après un certain temps, le fromage est moulé dans des moules à trous appelés pies.

Il est fabriqué à Plouay, petite ville bretonne située à 60 km de Quiberon.

La tome à 10 %

Fromage savoyard, la tome est définie par le label régional Savoie et conserve ses qualités d'origine. Cette pâte pressée, non cuite, est affinée pendant 28 jours minimum en cave humide. Elle présente une croûte fleurie et une pâte souple, goûteuse et de couleur homogène.

La tome est servie principalement sur le plateau de fromages.

fine Bouche
si léger, si gourmand!
SPECIALITE FROMAGERE ALLEGEE
MON VELAY
Merzer
25% Mat. Gr.
Triballat
MAIGRELAIT
18 Matière Grasse
Fabriqué par LA LAITERIE FABRE FRERES SA
BLEU POINT

Quand diététique rime avec plaisir…

« Régime », « maigrir », « perdre du poids »… autant de termes qui, chaque année, fleurissent dans les journaux et magazines. On pense alors steak grillé, haricots verts vapeur et yaourt maigre… De quoi se décourager avant même de commencer !

Dans ce livre, vous trouverez des idées qui, au contraire, vous démontreront que l'on peut se faire plaisir et mincir en même temps. Dans tous les cas, l'important est de trouver son poids d'équilibre, son poids « idéal ».

Mais savez-vous comment calculer votre poids idéal ? Les nutritionnistes et diététiciens prennent en compte l'Indice de Masse Corporelle (IMC) :

IMC =
poids [en kg] / (taille x taille) [en mètre]

Exemple

Une femme pesant 55 kg et mesurant 1,65 m aura un IMC de :
55 / (1,65 x 1,65) = 20,2

• Si votre IMC est inférieur à 18 :
Vous êtes maigre et il y a risque de carences. Reprenez quelques kilos !

• Si votre IMC est compris entre 18 et 20 :
Vous êtes très mince. Mangez équilibré pour rester en forme.

• Si votre IMC est compris entre 20 et 25 :
Bravo, vous êtes dans la zone de poids moyen, celle où l'on se trouve au mieux de sa forme. Mangez de tout, un peu, pour conserver ce poids.

• Si votre IMC est entre 25 et 30 :
Vous avez quelques kilos superflus. Plongez à livre ouvert dans mes recettes !

• Si votre IMC est supérieur à 30 :
On parle alors d'obésité, fléau qui touche maintenant près du cinquième de la population française. L'abondance des produits, le grignotage, la sédentarité mais aussi les facteurs héréditaires en sont les principales causes.

Un diététicien ou un nutritionniste pourra vous prescrire un programme personnalisé. Il est important de réapprendre à manger et éviter à tout prix le phénomène de « yo-yo », engendré par l'alternance de régimes trop sévères et de périodes de relâchement trop important.

Ces recettes vous permettront d'allier l'utile à l'agréable et de pouvoir continuer le régime, même lorsque vous recevez, sans sentiment de frustration.

Les bases d'une alimentation minceur

Il est inutile, voire dangereux, de trop se restreindre.

Une journée minceur commence par un bon petit déjeuner :
– une boisson chaude pour se réhydrater ;
– du pain, des biscottes ou des céréales pour tenir toute la matinée ;
– du beurre, pour le plaisir, mais aussi pour la vitamine A, essentielle à la peau ;
– un produit laitier, pour le calcium et la solidité des os ;
– un fruit ou un jus de fruit frais ou du commerce, sans sucre ajouté, pour l'apport en vitamine C qui renforce les défenses de l'organisme.

L'apport énergétique est à déterminer en fonction des habitudes alimentaires de chacun. Un homme qui mange quotidiennement 3000 Kcal maigrira très bien avec un régime à 2000 Kcal, mais une autre personne qui n'en consomme en moyenne que 1800 par jour devra descendre à 1200 Kcal pour avoir des résultats.

Il est également important de préserver la structure des repas :
– entrée à base de légumes ou de fruits de mer ;
– viande, poisson, œufs ou abats, cuits sans matière grasse ;
– féculents (pommes de terre, pâtes, riz, semoule, etc.) ou/et légumes ;
– fromage (30 g par jour) ou produit laitier ;
– fruit.

On a ainsi l'impression d'être rassasié et l'on a moins envie de grignoter.

Certains aliments comme les viandes maigres, les poissons, les fruits de mer, les produits laitiers sont à privilégier car ils sont source de protéines, constituants essentiels de nos muscles. Si vous faites un régime pauvre en protéines, vous perdrez du muscle mais la graisse stockée dans votre organisme restera là. Une perte de tonus est inévitable et la reprise de poids est assurée !

Les points à surveiller sont les matières grasses, les produits sucrés, les plats cuisinés du commerce, les cacahuètes, les fritures, les pâtisseries traditionnelles, les charcuteries, les alcools forts... Ils sont très énergétiques et donc à consommer avec modération !

En suivant ces quelques conseils et en y ajoutant un peu d'exercice, vous mettez toutes les chances de votre côté pour retrouver, en douceur, votre poids de forme.

De haut en bas
et de gauche à droite :

- SARL Lechat Marée,
- la Boutique de Pont-Aven,
- Michel Lucas

(fumage artisanal).

Un très grand merci à

ALREDIS
PRODUITS
LAITIERS

De haut en bas
et de gauche à droite :

- conserverie La Belle-Îloise,
- Alrédis (produits laitiers),
- société Neptune
(eau Chateldon).

nos fidèles partenaires de Quiberon

Une semaine de menus

Ces menus, de par la diversité des ingrédients, contribuent à couvrir les besoins quotidiens en minéraux et vitamines. Ils n'apportent pas plus de 600 Kcal par repas et vous aideront ainsi à mincir ou à rééquilibrer votre alimentation d'une manière très agréable. Bon appétit !

Lundi

DÉJEUNER

Blanc de poireau tiède et sa vinaigrette de betterave rouge

Dos de dorade rôti avec la peau parfumé aux appétits et sa crème de tomate et de poivron rouge au pavot

Courgettes vapeur

Café liégeois

(470 Kcal)

DÎNER

Crème d'asperge blanche

Brochette de dinde à la pomme, sauce acidulée

Gratin de fraises

(570 Kcal)

Mardi

DÉJEUNER

Noix de coquilles Saint-Jacques marinées sur leur rémoulade de céleri-rave et de granny smith

Tranche de foie de veau poêlée sur sa garniture aux shiitakes

Ananas Victoria à la norvégienne

(525 Kcal)

DÎNER

Cœur de frisée au Merzer chaud

Filet d'empereur à la vapeur de poireau, sauce bourguignonne, et son coulis de carotte à la ciboulette

Haricots verts persillés

Émincé de pomme au miel d'oranger et son coulis de framboise

(560 Kcal)

Mercredi

DÉJEUNER

Salade piémontaise au crabe et aux bulots

Civet à la mode diététique

Soupe de pêches à la rhubarbe

(590 Kcal)

DÎNER

Potage forestier

Blanquette de turbot au curry et ses bûchettes de légumes vapeur

Nougat glacé à la façon Le Norcy et son coulis tutti frutti

(555 Kcal)

Jeudi

Déjeuner

Filet de rouget en croûte de moutarde aux algues et son coulis de poivron rouge au pavot

Quartier de pintade rôti, noisettes de carotte et de navets glacés, sauce au miel d'oranger

Assortiment de fromages allégés (60 g)

(590 Kcal)

Dîner

Salade de mâche aux queues de langoustines poêlées et sa vinaigrette au raisin noir

Suprême de Saint-Pierre cuit à la vapeur d'algues et son sabayon au concombre

Marmelade de mangue moulée avec sa glace au lait de coco et son coulis de clémentine

(571 Kcal)

Vendredi

Déjeuner

Salade Alexandra et sa vinaigrette de betterave rouge

Cailles rôties sur leur brunoise de légumes

Feuillantine d'ananas à la purée de fraises

(551 Kcal)

Dîner

Consommé de la mer aux algues

Queue de lotte au paprika rôtie au four et sa crème de courgette à l'ail

Mikado de légumes au gratin

Rosace de melon et son coulis vanillé

(525 Kcal)

Samedi

Déjeuner

Palourdes farcies à notre façon

Carré d'agneau pané aux épices et son jus à la sarriette, crème d'ail et tomates cerises

Parmentier de brocolis

Soupe de fruits et son sorbet

(600 Kcal)

Dîner

Mesclun au jambon de Parme et sa vinaigrette du jardinier

Pavé de lieu jaune en papillote de saccharina, sauce au vinaigre de framboise

Flan de poireau

Salade de fruits frais

(560 Kcal)

Dimanche

Déjeuner

6 huîtres de la baie de Quiberon

Filet de bœuf rôti au poivre, sauce bourguignonne, échalotte confite dans sa pelure

Gratin de fraises

(592 Kcal)

Dîner

Moules au velouté

Sole grillée à notre façon

« Pizza » d'aubergine

Assortiment de fromages allégés (60 g)

(475 Kcal)

Patrick
Jarno

Remerciements

Patrick Jarno remercie pour l'aide qu'ils lui ont apportée : Laeticia Hallyday et Jean-Robert Reznik pour leurs préfaces ; Jean-Pierre Malet, directeur général de l'institut Thalassa Quiberon, et Christos Paloglou, directeur de l'hôtel Sofitel diététique ; Claude Lebey, directeur de collection ; ses chers amis Marie-Line Salaün pour le stylisme et Daniel Czap pour les photographies ; Michèle Fraudreau (Bleu T) ; Hélène Boulanger et Bérangère Mitteau (Albin Michel) et tous leurs collaborateurs ; Annie Le Padellec ; Laurence Jaffré, diététicienne ; le Dr Jean-Claude Gorret et le Dr Guy Rossolini ; la brigade de cuisine : Christian Goarin, Stéphane Le Norcy, Sébastien Le Maguer, Gildas Chauvet, Julien Rebeyrol, Frédéric Le Garrec ; la société Volfrance (volailles), la laiterie Fabre Frères (p.145), les boucheries Île de France, le Home d'Hys (algues, p. 142), la SARL Lechat Marée (p. 150), la Boutique de Pont-Aven (p. 150), Michel Lucas (fumage artisanal, p. 150), Stéphane Coquelin (Alrédis, p. 151), la conserverie La Belle-Îloise (p. 151), la laiterie Triballat Noyal (p. 145), les porcelaines Philippe Deshoulières, Mérisant France SAS (sucre Canderel), la société Neptune (eau Chateldon, p. 151), les établissements Le Saint (fruits et légumes), Nestlé France (Maggi) ; Patrick Dinard, Maison de la presse de Quiberon.

Enfin, une pensée amicale pour Olivier Brugère et Dominique Mauge.

Daniel Czap remercie Marie-Line Salaün pour sa précieuse collaboration ; Patrick Germe, chef de laboratoire Mappemonde, son fidèle troisième œil depuis tant d'années ; Michèle Fraudreau pour sa maquette ; Patricia Viger, qui a bien voulu lui ouvrir les portes de sa boutique Corda, à Monfort l'Amaury, et lui confier des objets de fabrication artisanale (Les toiles du soleil, Les terres d'Hautaniboul et La poterie du fournil).

Table des recettes

Les cocktails et amuse-bouches

Les entrées froides et chaudes

Les légumes

Les desserts

Les vinaigrettes et sauces froides

Photogravure : Bussière
Impression et reliure : Mame Imprimeur, Tours
N° d'édition : 20578
Achevé d'imprimer en mars 2002
Dépôt légal : avril 2002